존재의 온도
혼자여도 괜찮은 나

존재의 온도
혼자여도 괜찮은 나
기준을 다시 세우는 생각의 품격, 존재의 온도를 처음 만나다

『존재의 온도』 시리즈 4부작 중 첫 번째 권

초판 1쇄 발행 2025년 10월 22일
지은이 린결
펴낸이 김진희
디자인 이로울리디자인
교정·편집 Jodie Kim & Woody Lee
펴낸곳 도서출판 새얀
출판등록 제2018-000093호
주소 서울시 강남구 헌릉로569길 21-30
문의 02-451-4176
홈페이지 saeyanbooks.com
이메일 saeyanbooks@saeyanbooks.com

ⓒ린결 2025
이 책의 판권은 지은이와 도서출판 새얀에 있습니다.
책 내용의 전부 또는 일부를 이용하려면
저자와 새얀의 서면 동의를 받아야 합니다.

ISBN 979-11-90601-02-3 03810

존재의 온도

린결

혼자여도 괜찮은 나

기준을 다시 세우는 생각의 품격,
존재의 온도를 처음 만나다

『존재의 온도』를 건넬 때

격이 있는 생각은
깊이 있는 온도를 지닌다

우리는 남의 기준에 휘둘려
'혼자여도 괜찮은 나'를 잊곤 한다.
혼자라는 단어가 낯설지 않다고 말하지만
여전히 '혼자'라는 시간은 어색하다.

그건 어쩌면,
그 마음 아래 이미 정해진 감정이
깔려 있기 때문일지도 모른다.

'혼자'는 견디는 것이고,
'회복은 곁에 누가 있어야 가능하다는 믿음.'

그래서 혼자 있는 시간은
늘 뭔가 부족하고,
잠시 머무는 곳처럼 여겨진다.

그러다 비교에 지친 하루 끝에서,
문득 스스로에게 묻게 된다.

'다른 사람 없이, 나 혼자도 괜찮지 않을까?'

그 질문은
혼자인 시간 속에서
내가 누구인지,
어떤 기준으로 살아가고 있는지를
조용히 되묻게 만든다.

그제야 비로소
놓쳤던 기준들이 한 줄씩 보이기 시작한다.

그때 '혼자여도 괜찮다'는 말은
단순한 위로가 아니라
삶의 중심을 다시 세우는 힘이 된다.

『존재의 온도』는
그 힘의 시작점이다.

혼자 있는 시간이
나를 다시 찾는 시간으로 바뀌는 지점.
그 순간, 내 안에서 진짜 나를 발견한다.

그것이 존재의 온도에 다가가는 첫걸음이다.

이 책은 답부터 건네지 않는다.
섣불리 감정을 덧붙이지 않는다.

그저 그 자리에 머물며 조용한 문장을 건넨다.

혼자 있는 시간을 결핍이 아닌,
자기 기준을 세우는 기회로 바라보게 하는 문장.

절대적 충족 속에서,
비교가 아닌 내 안의 따뜻함을 피워내는 문장.

그 문장들은 일깨운다.
더 빨리, 더 많이가 아니라 더 나답게 살아가는 삶,
기준을 바깥이 아닌 내 안에 세우는 삶.

그 삶이,
존재의 온도를 지켜내는 길이다.

『존재의 온도』와 함께―
혼자라는 감각에서
존재의 중심을 다시 세우는 시간으로,
조용하지만 깊은 여정을
함께 걷길 바란다.

『존재의 온도: 혼자여도 괜찮은 나』는
그 여정을 담은 4부작 감성 인문 시리즈의 첫걸음이다.

Prologue

혼자일 때
생각의 결은 고요히 드러나고
존재의 온도는 깊어진다

우리는
하루에도 몇 번씩
뜨거움과 차가움 사이를 오간다.

함께 앉은 식탁,
혼자 걷는 퇴근길,
결정의 문 앞—

그 순간순간,
온도는 흔들린다.

그러다 문득,
질문이 떠오른다.

'나는 지금,
어떤 온도로 살아가고 있을까.'

존재의 온도는 말없이 드러나는 결이다.
묻지 않아도 사는 방식이 조용히 말을 건넨다.

그건 평가가 아니라
내면에서 천천히 피어나는 열기다.

그 열기는—
격이 있는 생각, 그 하나에서 시작된다.
그리고 그 생각은—
언제나 '절대적 충족'이라는 조용한 관점에서 태어난다.

비교보다 기준,
속도보다 방향,
보여짐보다 살아짐.
세상의 잣대가 아닌 나의 물음에서 출발하는 삶.

그것이 생각의 격이자,
존재의 온도를 빚어내는 방식이다.

이 책이 다루는 세 축—
생각의 격, 절대적 충족, 존재의 온도는
따로 놓인 개념이 아니다.

존재의 온도는 그 생각의 감각적 표현,
절대적 충족은 그 생각의 중심 태도,
생각의 격은 그 생각을 꿰뚫는 시야이자 방향이다.

어쩌면 우리는 지금,
남보다 잘 살아야 한다는 조급함 속에서

타인의 속도로 삶을 흘려보내며
내 안의 열기를 조금씩 얼어붙게 했을지도 모른다.

그러나 이제는 멈추어 서서
조용히 내 안의 소리를 듣고
삶의 체온을 되살려야 할지도 모른다.

그리고 그 시작은
단 하나의 선언이면 충분하다.

"나는, 나답게 살겠다."

그 한마디에서
모든 것이
조금씩 달라지기 시작할 것이다.

조용히, 그러나 깊이—
이 책은 그 여정을
함께 걸어갈 것이다.

그리고 그 여정 끝에
당신에게 이 한 문장을 남길 수 있다면,
그것으로 충분하다.

존재의 온도는,
생각의 격에서 시작된다.

『존재의 온도: 혼자여도 괜찮은 나』는
혼자라는 시간을 버티는 흔한 이야기가 아닙니다.

세상이 정해놓은 기준에서 한 걸음 물러나
스스로 기준을 다시 세우는 여정입니다.

그 '혼자'는 외로움이나 결핍이 아니라,
**삶의 중심을 되찾고 내 안의 온기를 회복하는
가장 충만한 자리**입니다.

**CHAPTER 1. 출세주의를 지나 소신으로
CHAPTER 2. 인정 욕구를 지나 자존감으로
CHAPTER 3. 직진 본능을 지나 자아 성찰로
CHAPTER 4. 요행을 지나 대응으로**

이 **네 축**이 만날 때—
비교 속에서 찾던 만족에서 벗어나
'**절대적 충족**'속에 단단히 서 있는
'**혼자여도 괜찮은 나**'를 만나게 됩니다.

목차

『존재의 온도』를 건넬 때
격이 있는 생각은 깊이 있는 온도를 지닌다 · · · · · · · · · · · · · · · · · 4

Prologue
혼자일 때 생각의 격은 고요히 드러나고
존재의 온도는 깊어진다 · 7

Chapter 1 '출세주의'를 지나 '소신으로' 생각의 격을 높이다

- 너, 보는 눈 있잖아 · · · · · · · · · · · · · · 15
- 공부라는 이름의 기대 · · · · · · · · · · · · 20

- 절대적 충족, 나를 중심에 두는 삶 · · · · · · · · · · 24
- 너의 삶을 살아라 · · · · · · · · · · · · · · · · · 28
- 다수의 길 vs 소수의 길 · · · · · · · · · · · · · · 35
- 좋아하는 걸 직업으로 삼는 용기 · · · · · · · · · · 41
- 내 안의 음악을 믿는 사람들 · · · · · · · · · · · · 46
- 방향이 보이지 않아도 스스로 걷는 길 · · · · · · · · 50
- 오래보다 다르게 해온 사람이 결국 남는다 · · · · · · 55
- 조용히, 그러나 단호하게 · · · · · · · · · · · · · · 62

『개츠비를 지나 나에게로 돌아오는 문장들』 · · · · · · 71

Chapter 2 '인정 욕구'를 지나 '자존감으로' 생각의 격을 높이다

- 시크한 냥냥 펀치의 힘은 강력하다 · · · · · · · · · · 79
- 남의 말보다 내 마음에 귀 기울이는 법 · · · · · · · · 85
- 춤을 멈춘 나, 리모컨을 놓는 너 · · · · · · · · · · · 91
- 빛나고 싶은 마음이 자주 놓치는 것 · · · · · · · · · 99
- 너를 붙잡는 동안 내가 사라지고 있었다 · · · · · · · 105
- 관종이라 불릴 때 그 마음은 어디쯤 있었을까 · · · · · 111
- 생존의 시대, 관종의 방식 · · · · · · · · · · · · · · 118
- 나를 브랜드로 입다 · · · · · · · · · · · · · · · · 125
- 스스로 납득하는 자기 삶의 장인이 되는 길 · · · · · · 132
- 자신에게 속할 때 진짜 나로 살아갈 수 있다 · · · · · 138

『개츠비를 지나 나에게로 돌아오는 문장들』 · · · · · · 145

Chapter 3 '직진 본능'을 지나 '자아 성찰'로 생각의 격을 높이다

- 라면 한 그릇의 직진 본능 · · · · · · · · · · · · · 153
- 달리고 있는 줄 알았지만 묻지 않았다 · · · · · · · · 159
- 지금이라도 삶을 흔들어라 · · · · · · · · · · · · · 167

- 초록 그릇 속 감정의 복원력 · · · · · · · · · · · · · 174
- 머묾을 기준으로 삼는 삶 · · · · · · · · · · · · · · 182
- 멍때리기의 미학 · · · · · · · · · · · · · · · · · · 190
- 어제보다 나은 나를 향한 질주 · · · · · · · · · · · · 197
- 다시 살 수 있다면 나는 나답게 살겠어 · · · · · · · · 204
- 내면의 지평을 넓혀가는 길 · · · · · · · · · · · · · · 212
『개츠비를 지나 나에게로 돌아오는 문장들』· · · · · · · 219

Chapter 4 '요행'을 지나 '대응'으로 생각의 격을 높이다

- 거창한 내일보다 오늘의 밥솥부터 · · · · · · · · · · 227
- 실패 내성 0% · · · · · · · · · · · · · · · · · · · 235
- 유한함을 선택할 줄 아는 용기 · · · · · · · · · · · · 241
- 감당할 수 있는 선택이 삶의 품격을 쌓아간다 · · · · · 247
- 셰에라자드처럼 선제 대응하는 삶 · · · · · · · · · · 253
- 凡人, 고유한 아무나가 되는 기술 · · · · · · · · · · · 261
- 잃는 것들을 품는 삶 · · · · · · · · · · · · · · · · 270
『개츠비를 지나 나에게로 돌아오는 문장들』· · · · · · · 277

Epilogue

'나는 지금, 나로 살아내고 있는가'

존재의 온도를 품고
나에게로 돌아오는 마지막 문장 · · · · · · · · · · · · 283

작가의 말

절대적 충족의 온도, 36.5도 · · · · · · · · · · · · · · 286

Chapter 1

'출세주의'를 지나 '소신으로' 생각의 격을 높이다

세상의 속도에 휘둘리지 않고
나만의 기준으로 길을 세우는 연습

너, 보는 눈 있잖아
안목은 스펙보다 먼저다

눈은 언제나 먼저 알아챈다.
말보다 빠르게, 머리보다 정직하게.

하지만 그 눈의 감각을
누구나 곧바로 이해하는 건 아니다.
논리로만 세상을 재단하는 이들에게
보이지 않는 결은 아무 말도 아니기 때문이다.

그럼에도 난, 우연히 알게 됐다.
그 눈빛에 담긴 따스함과 깊이,
논리만 좇는 세계에선 보이지 않지만
분명히 존재하는 그 온기와 통찰.

흔들리는 날마다 말없이
내 등을 지켜준 그 따뜻한 기적,
그걸 조용히 품고 있던 오빠를 통해.

논리보다 감각이 먼저 반응하던 사람,
눈치채기 어려운 내 기색에도
말없이 컵을 건네거나,

질문 대신 조용히 곁을 내어주던 존재.

몇 해 전, 그 오빠를 만나러 오빠 집에 갔다.
손에는 따끈한 겉바속촉 달달한 핫도그를 들고서.

그건 단순한 간식이 아니었다.

이제 오빠만의 집이 아닌,
오빠와 언니, 그리고 조카들이 함께 있는 공간.

그 집의 조용한 평화를 위한
작은 협정서 같은 것이었다.

현관문을 연 건 조카였다.

오빠의 감각을 타고난 아이.
그 감각을 자기 기준으로 다듬어가는 아이.

"헬로, 고모!"
그 아이가 쏜살같이 거실로 뛰어들었다.

거실 안 풍경엔 낯익은 온기가 흘렀다.
게임을 끄라며 조카를 다그치는 언니,
끝까지 유튜버가 될 거라며 맞서는 조카.

그 기세, 말보다 앞서 흐르던 공기.
그건 오래된 가족극의 익숙한 장면 같았다.

그때 문득 <미생>의 장그래가 떠올랐다.
스펙 없이도 묵묵히 자리를 지키던 사람.

그리고 한 사람 더,
번역하며 오래 머물던 그 아이.
에놀라 홈즈.

셜록의 동생이지만 그 이름에 갇히지 않던 아이.
금박 입힌 틀 속 억압이 조건이던 빅토리아 시대,
자기만의 리듬을 지켜낸 아이.

말에 앞서 소신이 흐르던
그 둘의 얼굴 위로 조카가 겹쳤다.

조카는 그런 아이였다.
"너, 보는 눈 있잖아."

어느 날 귓가에 꽂힌, 광고 속 그 한마디처럼—
다른 이가 칭찬을 기준 삼을 때
스스로 동기 부여할 줄 알던 아이.
자기 기준으로 세상을 감지할 줄 알던 아이.

모두가 논리로만 해석할 때 결을 읽던 아이.

상대적 충족에 흔들리지 않고,
'내가 무엇을 보는가'에 집중할 줄 알던 아이.

스펙보다 먼저 필요한 건,
어쩌면 남들이 보지 못하는 걸
먼저 감지하는 그런 눈이었다.

그리고 소신이란,
바로 그런 눈을 가진 사람이 지켜낸 결이었다.

많은 이가 누군가의 시선을 안심이라 믿는다.
그러다 뒤늦게 박수보다 먼저인 숨결을 깨닫는다.

하지만 조카는 달랐다.

누구의 기준도 아닌 자기 눈으로
어른들이 놓치는 걸 스스로 감지했다.

지금도 문득,
그런 조카를 생각할 때—
그 온도의 숨결이 어디쯤 피어나 머물고 있을지
그걸 조용히 기다리던
내 마음의 시간이 떠오른다.

그리고 지금도 조카는
훌쩍 커버린 모습 뒤로
여전히 소신의 결을
하루씩 살아내고 있다.

그런 조카를 위해
내 작은 바람을 건네본다.

모두가 지나치는 자리에서
혼자 멈춰 묻는 사람이 되기를.

박수보다 숨결, 정답보다 온도.

그 결을, 그 온도를
어디서든 잃지 않기를.

공부라는 이름의 기대
공부는 질문에서 시작된다

공부.

어쩌면 우리가 삶에서
가장 일찍 그리고 가장 오래 듣는 단어.
밥 먹다 말고,
길 걷다 말고,
결국 이 한마디로 돌아온다.

기승전, "공부 좀 해라."

사실 공부는 아이들만의 일이 아니다.
스스로를 끊임없이 되묻고 싶은, 우리 모두의 일이다.

공부를 떠올리면,
삶의 순간이 객관식처럼 느껴질 때가 많았다.

그래서일까.

그 기억은 아직도 꿈이 되어 돌아온다.
대학생인데 인수분해가 나오는 꿈.

시험장도 얼굴도 낯선 중간고사 꿈.
(한 명은 배우, 한 명은 아나운서.)
이어폰 한쪽만 나오는 영어 듣기 평가.
정적 속, 교실에 멈춰 있는 나.

그런 나지만, 공부는 필요하다.
앞으로를 준비하고, 불안을 덜고,
스스로를 증명하기 위해서.

하지만 공부가 '출세의 도구'일 뿐이라면
이야기는 조금 달라진다.
남들이 하니 나도 하는,
비교의 스펙처럼 걸치는 그런 공부는—
결국 상대적 충족에 머물고 만다.

누가 더 빨리, 누가 더 많이, 누가 더 비싸게.
숫자에 파묻혀 얼굴을 잃어가는 사람들.

그런데도 공부는
다름을 이해하기보다 서열을 먼저 가르치며
격차를 조용히 되풀이한다.
"아무 생각 말고, 열심히만 해".

정말 그럴까.

때로는, 그 탈출구 없는 폐곡선 같은 요구에

조용히 묻고 싶어진다.
'그 공부, 정말 우리를 위한 것일까.'

남보다 뒤처지지 말라는 말 안엔
비교가 있고, 속도가 있고, 타인의 그림자가 있다.
그런데 정작 우리는 없다.

진짜 공부는
세상을 이해하고 스스로를 알기 위한 공부다.
그러려면 시작은
늘 자신을 향한 질문이어야 할지도 모른다.

'너 자신을 알라.' — 소크라테스
'교육은 삶을 위한 준비라기보다 삶 그 자체다.' — 존 듀이
'존재에 대한 물음은 망각 속에 묻혀 있다.' — 하이데거
'인간은 그 자체로 목적이다.' — 칸트
'군자는 단지 그릇이어선 안 된다.' — 공자

질문 없는 공부는 사색 없는 삶과 같다.

『공부의 발견』에서 정순우는 말한다.
퇴계와 다산 같은 이들은
앞으로 나아가기보다 물러날 줄 아는 공부를 했다고.

퇴계와 다산.
그들에겐 절제와 겸손마저도
공부의 일부였다.

세상을 이기는 공부가 아니라
세상에 젖지 않는 공부.

질문이 앞에 있고, 이해가 뒤따르고,
사유가 그 사이를 걸을 때—
비로소 공부는 공부다워진다.

공부는 성공의 경주가 아니라
내가 나에게 묻는 질문에서 시작된다.

'지금 내 안엔 어떤 질문이 숨 쉬고 있는가.'

그 물음이 있다면
공부는 이미
내 안에서 자라고 있을지도 모른다.

타인의 정답이 아닌
나만의 물음에서 출발하는 삶.
그것이,
진짜 공부이자
존재의 온도를 지켜내는 방식이다.

절대적 충족,
나를 중심에 두는 삶

남보다 잘났냐보다
나답냐가 중요해

삶은 가끔 물어온다.
"넌, 지금 충분하니?"
"이 나이에 이 정도면 괜찮은 걸까?"

이력서 속 숫자들, 출신 앞에 붙는 이름,
월급명세서, 누군가의 '좋아요' 수.

숫자들이 나를 말해준다는 듯
사람들은 그것으로 나를 가늠하고
나 역시 조용히 그 안에 나를 밀어 넣는다.

처음엔 그냥저냥 견딜 만하다.
'다들 이렇게 살아.'
'조금만 더 가면 나아질 거야.'

그렇게 내 감각은 말없이 조금씩 뒷걸음친다.

하지만 곧 알게 된다.
그 '조금 더'는 언제나 끝을 품지 않는다는 것을.

더 나아야만 안도하고, 더 올라야만 괜찮아지는 삶.
결국 결핍을 기준 삼는 루프 안에서
나는 점점 작아진다.

삶을 가늠하는 눈은 크게 두 방향으로 나뉜다.

하나는, 상대적 충족의 관점.
남보다 앞서야 만족하는 삶.
조금만 늦어도 흔들리는 삶.

다른 하나는, 절대적 충족의 관점.
비교 대신 기준을, 속도보다 방향을 붙잡는 삶.

절대적 충족의 사람은 조급하지 않다.
누구보다 빨라야 할 이유도 없다.

그리고 그 마음은, 문득 이런 물음으로 이어진다.
'지금 나는 이 삶에 얼마나 진심인가.'
'과연 난 어제보다 단단해졌는가?'

그 질문 끝에, 조용히 떠오르는 말.

"정답보다 직감, 논리보다 본능,
시선보다 내 안의 중심을 믿는 태도."

그 말은 오래전부터
내 안 어딘가에서 자라며 나를 단단하게 만들어왔다.

그리고 그건—
내가 절대적 충족으로 향하는 조용한 첫걸음이었다.

절대적 충족은 남보다 잘난 게 아니라
나로서 괜찮다고 느끼는 삶이다.
나로서 온전히 괜찮다고 느낄 때,
우리는 조용히, 그러나 단단히 중심을 세운다.

물론 그 두 시선 사이 어딘가에서,
우리는 여전히 흔들린다.
비교는 마음을 잠식하고, 불안은 습관처럼 찾아온다.

하지만 그럴수록 더 단단히 붙잡는 내 안의 기준은—
내 삶이 누군가의 속도가 아니라
내가 정말 가고 싶은 방향임을 살며시 일러준다.

'지금의 나도 괜찮아.'
'남보다 나아야 할 이유는 없어.'

'니는 나의 기준으로 충분하다.'

절대적 충족의 삶은 거창하지 않다.

내 삶을 있는 그대로 받아들이는 용기면 충분하다.
결핍을 마주해도 초조하지 않은 마음.
완벽하지 않아도 괜찮다고 말할 수 있는 감각.

그리고 그 감각이 자리 잡을 때―
비로소 우리는 나의 온도로 살아가기 시작한다.

36.5도.

절대적 충족의 결,
비교를 벗어난 자기 삶의 중심값.
세상의 체온이 아니라
내가 지켜낸 진심의 온도.

지금 나의 중심은 어디쯤 있을까.
지금 나의 온도는 몇 도쯤일까.

그 질문 하나가 곧,
생각의 격을 품은
내 존재의 온도를 지키는
첫 문장이 된다.

너의 삶을 살아라
타인의 각본 말고
너만의 연출로

마음 깊은 곳의 물음은,
언제나 선택 앞에서 깨어난다.

그런 밤이 있다.
아무리 눈을 감아도 잠이 오지 않는 밤.
뒤척이고 뒤척이며,
생각이 꼬리를 물고 이어지는 밤.

마음이 텅 빈 것 같은 그런 밤이면
누군가의 신호처럼 도착하는 문자 하나.

새벽 세 시, 절친에게서였다.
"자니? 혹시 통화… 가능해?"

짧은 문장이었지만,
그 안에 숨어 있는 결이 낯설게 다가왔다.

"믿는 도끼에 발등 찍혔어.

걔, 자퇴하겠대."

착한 딸이었다.
공부 잘하고, 인성 바르고,
엄마 속 한 번 썩인 적 없던 아이.

그래서 더 놀라웠다.

"이제 진짜 자기로 살아보고 싶대.
그 말이 자꾸 맴돌아.
대체… 어디서부터 어긋난 걸까."

친구의 목소리는 조금 떨렸지만—
그 떨림은 후회보단 안도에 가까웠다.

연필심처럼 얇고 고요한 집중력을 가진 아이
그 애는 공부를 즐길 줄 아는 아이였다.

하지만 기쁨보다 칭찬이 먼저가 되고
'잘했어'보다 '더 잘해야 해'가 앞서던 사이—

칭찬은 위로가 아닌 기대가 됐고,
기대는 무게가 되어 그 아이의 어깨를 짓눌렀다.

결국, 형아는 자퇴를 선택했다.

"나 이제… 남들 기대 맞춰 사는 거 안 할래.
엄마도… 이젠 나를 좀 놔줘."

그 말 앞에 친구는 잠시 흔들렸다.

하지만 친구의 짧은 숨 너머엔
미련보다 약간의 후회,
그리고 어쩐지 모를 안도도 섞여 있었다.

어쩌면 그건,
친구가 끝내 꺼내지 못했던 말을
딸이 먼저 건네줬기 때문일지도.

"너 아직 도망치고 있는 걸지도 몰라.
선택은 결국… 감당하는 거니까.
그래도 말이야—나는, 네 선택을 믿는다."

그녀는 그렇게 말했다고 했다.
그리고 그건,
그 순간 할 수 있는 최선이었다.

"걘… 내가 그냥 그런 엄만 줄 알았던 거지."
<스카이캐슬>처럼 애를 트로피로 삼는 부모,

순간 말끝이 살짝 머뭇거렸다.
그래도 그녀는 이내 말을 이었다.

"난 걔가… 지 스스로에게만은 지지 않았으면 좋겠어.
남이 뭐라 하든, 자기 자신만은…
그 선택을 후회하지 않았으면 해."

그 말이 오래 남았다.
엄마라는 이름 아래 살아왔지만—
그녀도 한때는,
아크릴 물감으로 마음을 그리고 싶어 했던 아이였다.

하지만 어느 순간 삶은 조용히 팔레트를 치우고,
책상 위에 공무원 원서를 올려놓았다.

"밥벌이는 돼야지."

그 말 앞에서
그녀는 붓을 내려놓았다.

그 선택은 틀리지 않았다.
성실하고 책임감 있는 삶이었다.

다만 "내 인생은… 40점짜리야."란 말이
습관처럼 새어 나오던 것만 빼면.

그래서였을까.

자퇴 소식보다 놀라웠던 건
그 선택을 받아들이기로 한 그녀의 결심이었다.

'자퇴를 선언한 아이'의 용기도 대단했지만—
그 선택을 받아들이며 딸의 세계를 인정한 엄마의 변화가
내겐 더 깊은 울림으로 다가왔다.

그녀는 알고 있었다.
삶은 언제나 선택의 연속이지만 진짜 중요한 건—
그 선택을 감당할 수 있는 용기라는 걸.

예전에 한 오디션 프로그램에 나온
클래식 피아니스트의 말이 떠오른다.

'자신에게 학교는 무대에 서기 위한 수단일 뿐'이라고.
"좋은 게 좋은 거죠."
장난기 어린 그의 말 속엔, 단순한 웃음보다
더 깊은 중심이 스며있었다.

남의 시선이 아니라
자기의 열정을 따라가는 사람에겐 묘한 '폼'이 난다.
그 폼은 겉모습이 아니라—
"나는 이 길을 선택했다"는

자기 삶에 대한 책임에서 나온다.

『나는 이 질문이 불편하다』에서 안광복은 말한다.
중요한 물음은 늘 '긴급한 이유'들에 밀린다고.
그러다 결국, 삶이 틀어지고 병든 뒤에야
비로소 그 물음과 마주하게 된다고.

삶의 주체가 나인 길.
누구의 소신이 아닌 내 소신으로 선택한 길.
그 길엔 그 누구의 말보다 나를 믿는 신뢰가 자리한다.

불안, 실패, 외로움이 찾아오겠지만—
그래도 방향을 잃지 않는다.

그건 자신만이 느끼고 호흡하는 존재의 리듬이
그 숨결이 살아 숨 쉬는 길이기에.

꿈은 직업이 아니라 방향이다.
'되면 좋고 안 되면 말고'의 희망 사항이 아니다.
그건 매일 나를 일으켜 세우는 작은 나침반이다.

물론 여전히 많은 사람이 '사'자 돌림의 꿈에 머문다.
의사, 검사, 판사—직업이 곧 정답인 것처럼.

그런데 꿈이 '의사'로 끝나면,
그 순간부터 삶은 그 직업을 향해 수렴되기 시작한다.
다른 가능성은 줄고, 질문은 멈춘다.

하지만 그 꿈이 '사람을 치유하고 돕는 삶'이 되면—
그건 의사이든, 상담사이든, 작가이든, 예술가이든,
어떤 방식으로든 다양한 삶의 언어로 확장될 수 있다.

이처럼 진짜 자기 삶은—
무엇이 되느냐가 아니라
어떻게 살아내느냐로 증명된다.

몇 달 뒤,
형아는 기타를 메고 학교를 떠났다.

그 길이 어디로 향할지,
끝에 무엇이 있을지는 아무도 모른다.

다만, 조심스레 드리워보는 바람 하나.

그 삶이
타인의 각본이 아니라
나만의 연출이 되기를.

다수의 길 vs 소수의 길
너만의 길을 찾아라

사람이 걷는 건
늘 땅 위다.
하지만 그건,
단지 방향보다
더 근본적인 걸 고르는 일일지도 모른다.

무엇을 좇아 움직일지,
어디에 나를 두고 걸지,
그 길 위에서
어떤 각본을 따를지, 어떤 연출을 시도할지.

그리고 그 선택은, 결국—
타인의 무리에 섞이는 행보와
나만의 길을 헤매는 행보로 갈라진다.

우리 인생엔 두 갈래 길이 있다.

익숙하고 확실해 보이지만
조금씩 나를 지워가는 다수의 길.

낯설고 불확실하지만
끝까지 나로 남는 소수의 길.

다수가 가는 길은 처음엔 화려하다.
하지만 시간이 흐를수록
가면은 두터워지고, 나다움은 희미해진다.
그렇게 남의 기준에 오래 머물다 보면,
문득 내 얼굴이 흐려진다.

반면 소수가 걷는 길은 낯설다.
어딘가 조용하고, 조금은 불편하다.
그런데 세월이 덧입혀질수록
그 길 어딘가에서
오래 잊고 지낸 내 얼굴이 보이기 시작한다.
그리고 예전보다, 내가 더 나로서 살아가게 된다.

『꽃들에게 희망을』엔
두 갈래 길이 말없이 마주 서 있다.

모든 애벌레가 기어오르는 탑,
누가 먼저랄 것도 없이
그저 앞선 등을 따라 기어오르는 그 행렬.

넓고 화려하지만 그 꼭대기는 묘하게 비어 있다.
'다들 가니까' 따라가는 길,
하지만 도착하면 기다리고 있는 건 깊은 허무뿐이다.

그때 멈춰 서는 한 애벌레.
애벌레는 아무도 보지 않던 길로 걷기 시작한다.
그리고 그 좁고 허름한 길 끝에서 마침내 나비가 된다.

나비는 그저 날개를 단 존재가 아니다.
수많은 침묵의 껍질을 지나
스스로를 부수고 나오는 거듭남이다.

알에서 애벌레로,
애벌레에서 고요한 껍질 속으로,
그러고 나서야—
날개라는 것이 열린다.

문득, 바람처럼 조용히 생각 하나가 스며든다.
'혹시 나도 지금,
번데기 속에 숨어 있는 건 아닐까.'

아직은 미지근하고 두렵지만
어쩌면 이 침묵의 시간조차
나를 준비시키고 있는 건 아닐지.

어린아이가 어른이 되어가는 일.
그건 어쩌면,
번데기 속에서 자신을 마주하는 긴 고요와 닮아 있다.

처음엔 모든 게 익숙하지 않다.
좋고 나쁨도, 잘함과 못함도—
아직 분간되지 않는다.

그저 남이 깔아놓은 길에서
넘어지고, 흔들리고, 다시 걸을 뿐이다.

하지만 그렇게 조금씩,
다시 일어나고 또 일어나다 보면
비로소 '나'라는 존재가 우뚝 선다.

그게 바로, 번데기 속 시간이다.
어느 날 조용히 껍데기를 벗고 나와
스스로 날개를 펼치기를 준비하는 시간.

성장은 누군가 시켜서 되는 일이 아니다.
직접 걸어 나와야 비로소 자기 온도로 움직일 수 있다.

진짜 어른이 된다는 건,
남의 기대에 부응하는 게 아니라
내 신념으로 세상을 건너는 일이다.

누군가의 보호를 받던 존재에서
누군가를 감싸안는 사람으로,
하루를 더 따뜻하게 살아내는 사람으로.

나비가 꽃에서 꽃으로 날며 세상을 바꾸듯,
어른도 삶을 통해 세상을 조금씩 바꾼다.

성숙은 모양이 아니라 결이다.
무엇이 되느냐보다 그 길이 정말 나의 길인지—
그 '결의 흐름'이 더 중요할지도 모른다.

남들 눈에 번듯한 길보다
내 마음에 맞는 길을 택하는 것.

그거야말로 진짜 어른이 되어가는
단단한 첫걸음일지도 모른다.

문득 『데미안』의 그 문장이 떠오른다.
진짜 두려움은 바깥이 아니라
내가 나를 모를 때 생긴다고.

그동안 우리는 너무 오래
남이 만들어놓은 틀 안에서

나란 사람을 지우며 살아왔을지도 모른다.

가족의 가치관, 사회의 규범,
기대의 언어 속에서—
어쩌면 '나'라는 이름보다
불려 온 방식이 늘 먼저였는지도.

하지만 논리와 기준만으로는 나를 다 알 수 없다.
오히려 숨결처럼 스친 감각과 본능,
직관에 귀 기울일 때,
그 조용한 틈에서 나는 조금씩 나를 만나기 시작한다.

그리고 그렇게 남이 깔아둔 길을 벗어나
나의 기준으로 다시 길을 세우기 시작할 때—

조용히,
존재의 온도는
설레임 한 자락을 품고
나를 내 이야기 속으로
다시 불러낸다.

좋아하는 걸
직업으로 삼는 용기

'덕업일치(德業一致)'라는
진심의 지속

남이 만들어놓은 틀 안에서
나란 사람을 지우지 않는 길,
그 길은 어쩌면
무엇이 되느냐보다
어떻게 살아내느냐로 증명될지도 모른다.

그리고 방향이 정해졌다면—
남은 건 하루하루를 내 진심으로 채우는 일.

"난 단지… 지금 이 하루로
다시 돌아온 것처럼 매일을 살려고 해…."
– 영화 <어바웃 타임> 中

시간을 되돌릴 수 있는 주인공이
끝내 도달한 깨달음도 이것이었다.

어제를 바꾸는 힘보다 소중한 건
오늘을 충실히 살아내는 것.

근데 이건 비단, 영화 속 이야기만은 아니다.

'저녁 있는 삶', '워라밸',
혹은 그보다 더 유연하게
일과 삶을 섞는 '워라블'까지.

타인의 기대나 정답에 휘둘리기보다
자신의 리듬과 방향을 찾는 흐름.

결국, 이 모든 흐름은 말한다.
"삶은 대가가 아니라
나다움을 쌓아가는 무대여야 한다."

그리고 오늘도 그 무대 위에서
내 진심을 다해 나를 살아내는 것.

그래설까.
이제 사람들의 질문도 바뀌었다.
정해진 길이 아니라 내가 납득할 수 있는 길로.
"왜 이렇게 살아야 하지?"에서
"어떻게 살아야 나답지?"로.

그리고 어느새 그 물음은 선택이 되었고,
그 선택은 또 다른 '가능성'을 열기 시작했다.

바로, 덕업일치의 시대.
'좋아하는 일'이 '믹고 사는 일'이 된 시대.
"성공한 프로들은 대부분 자기 분야의 덕후였다."

이제 이 말은 하나의 유행을 넘어
삶을 바라보는 시선이 되었다.

좋아하는 일이 생계가 되고,
열정이 수익으로 이어지는 흐름.

유튜버, 웹툰 작가, 굿즈 제작자, 스트리머.
이제 이들은 말한다.
"하고 싶은 일로도 먹고살 수 있다."

그 지점을—
『엘리먼트』의 켄 로빈슨은 이렇게 짚는다.
'자신의 재능과 열정이 만나는 곳.
그곳에 도달하면
몰입과 창의성 그리고 진짜 자아가 폭발한다.'

그리고 같은 결을 말하는 또 다른 목소리.
한때 내가 번역한 『크러싱 잇!』의 주인공—
개리 바이너척은 전한다.

덕후처럼 몰입하고

묵묵히 콘텐츠를 쌓아가는 꾸준함―
그것이야말로 진짜 성공을 부른다고.

결국, 진심을 쌓은 시간은
언제나 제 자리를 찾아간다.

서핑을 기록하고 싶던 닉 우드먼―
직접 손을 댄 그 렌즈가
고프로(GoPro)의 시작이 되었다.

괴물을 상상하던 기예르모 델 토로―
그 상상을 끝까지 밀어붙인 열정이
따뜻한 괴물을 재창조해 냈다.

그들은 자신만의 시선으로
정체성을 창조한 사람들이었다.

그러니, 이제 중요한 건―
더 이상 직업의 안정성이 아닐지도 모른다.

그건 중심의 물음,
'나다움'에 대한 선언.
누군가의 시선을 좇는 속도가 아니라
자기 안의 리듬에 귀를 기울이는 걸음.

어디에 닿았는가보다
어떻게 걸어왔는지를
더 깊이 바라보는 시선.

그게 바로 시선의 전환이자 생각의 격이다.

그 휘청임 끝에
자리를 지켜낸 어느 날,
이렇게 말할 수 있다면—
"지금 이대로도 나는 괜찮다."

비로소 일과 삶은—
천천히 스며들 듯 서로의 경계를 지운다.

그리고 그때, 우리는 알게 된다.

이 일이,
이 하루가,
이 생업이—

더는 '업'이 아니라
존재를 지탱하는 온도였다는 것을.

내 안의 음악을 믿는 사람들
좋아하는 일로 자기만의 무대를 만든다는 것

좋아하는 일을 나답게 빚어내며
하루하루를 충실히 살아내는 사람들.
그들은 멀리 있지 않다.

우리 곁에도 분명히 있다.

개그맨으로 시작해
유쾌한 일상 콘텐츠를 보여준 유튜브 듀오 '흔한남매'.

여행 콘텐츠 하나로
대중의 공감을 끌어낸 '빠니보틀'.

누군가는 방송을 경험했고,
누군가는 전혀 다른 길에서 시작했다.

그러나 한 가지는 같았다.
좋아하는 것을 묵묵히 오래도록 진심으로 품은 사람들.

결국 그 일을 스스로 증명한 사람들이
가장 단단한 브랜드가 됐다.

그리고 여기,
나에게 유독 남는 한 장면이 있다.
영화 <인턴>에서
퇴직 후 공허함을 느낀 벤의 이 물음.
"내 안엔 아직 음악이 있는가?"

그는 망설임 없이 답한다.
"있다. 분명히, 아직 있다."
그리고 그는 다시 삶의 무대에 선다.

그건 단지 노년의 고백이 아니다.

모든 세대의 마음속에 조용히 피어오르는,
유효한 질문이다.

수줍은 중학생 소녀가
떨리는 목소리로 연극 무대에 선다.
확실한 문장 하나—
"나는 여기 있다."

입시에 지쳐 주저앉았던 20살 청춘은
다시 일어나 노래를 올린다.
조회수보다 중요한 건,
무대 위의 '나 자신'이다.

남자 간호사를 꿈꾸는 30대에게 사람들은 말한다.
"그 길은 너랑 어울리지 않아."
그러나 그는 안다.
누군가를 살리는 일이야말로
가장 나다운 일이라는 것을.

퇴근 후 트럼펫을 배우기 시작한 40대 공무원,
이제는 작은 무대 위에서 첫 연주회를 연다.

회사원으로 살아온 세월을 접고
50대에 푸드트럭을 시작한 남자.
골목 어귀마다 그만의 온기가 피어난다.
다시 꾸려낸 삶의 레시피—
지금 이곳이 그의 주방이자 무대다.

퇴직 후 다시 버스 운전대를 잡은 60대 남자.
정년이 끝이 아니라 또 다른 시작이라는 걸
담담히 증명한다.

수십 번 거울 앞을 걷던
70대 여성은 처음 선 런웨이에서
당당히 미소 짓는다.
그건 늦은 시작이 아니라
멈추지 않은 꿈이다.

그리고,

이름도 얼굴도 모를 수많은 사람들이
저마다의 리듬으로 자신의 가사를
담담하게, 단단하게 연주하고 있다.

그들은 말하지 않아도 안다.
'내 안엔 아직 음악이 있다'는
그것만으로도—
무대에 설 이유는 충분하다는 것을.

세상의 기준이 아닌
내 안의 열정이 들려주는 선율.

좋아하는 일을 넘어
자기 목소리를 끝까지 품는다는 것—
그건,
나 자신을 향한 음악이자
세상의 소음 속에서도 잃지 않을
존재의 온도다.

지금 이 순간도—
우리 안에서
고요히 흐르고 있는 단 하나의 선율.

방향이 보이지 않아도
스스로 걷는 길

혼자 걷는 연습에서 시작된
배움의 온도

우리는 가끔
아무도 알려주지 않아도
내 안의 리듬으로
배워나가는 순간을 겪는다.

누가 평가하지 않아도
누가 정해놓지 않아도—

삶은 조용히 스며든다.
어디서든
내가 나를 데리고 걷기 시작한 그 순간부터.

그렇게,
누구의 설계도도 없이
자기만의 방식으로 삶을 빚어낸 존재들—

사실, 그들은 내 주변에도 있었다.

덕업일치라는 말로는 다 담기지 않는 사람들.

서툴지만 묵묵하게 길 아닌 곳에서 길을 찾듯이—
눈앞이 선명하지 않아도 발끝은 어딘가를 향해
부지런히 움직이고 있었다.

부모님의 반대 속에
미대의 꿈을 접고 교사가 되었던 친구.
밤마다 그리던 그림이
결국 그를 웹툰 작가의 자리로 이끌었다.

대기업 기획실에서 메뉴를 짜던 지인.
대학생 때 일하던 일식집의 기억을 놓지 않았다.
그 기억은 지금,
그가 운영하는 작은 레스토랑의 밑그림이 되었다.

게임에 빠져 살던 사촌 여동생.
디지털 미디어학부에서 배운 기술을 붙잡아
지금은 영상으로 이야기를 전하는 유튜버가 되었다.

그들의 이야기를 가만히 짚다 보니
마음 한켠에 조용히 떠오른 물음표 하나.

'어떻게 저들은 스스로를 믿으며

그토록 좋아하고 잘하는 일에 몰입할 수 있었을까?'

그들의 말은 단순했다.

"확신은 없었지만 멈추지 않았어.
그러다 어느 순간 길이 보이더라."

불확실한 길 위에서도 자신을 향해 걷는 사람들.
그들에게는 '길'보다 '의지'가
'지도'보다 '열정'이 목적지가 되었다.
그리고 그 마음이 길을 만들어냈다.

그들의 마음 끝에서
문득 떠오른 두 문장이 마음을 두드린다.

'스스로 배워 길을 개척하라.'
'목표를 향해 반복적으로 훈련하라.'

이 단순하고도 강력한 지침은
『캐리비안 해적들의 비밀 공부법』에서 다시 선명해졌다.

애플의 최연소 팀장이 된 제임스 마커스 바크.
고등학교를 중퇴하고 독학으로 배움을 이어간 사람.

"나는 규율에 따라 살기보다는 열정을 따랐다."
— James Marcus Bach

그는 '순응적인 학생'이 아니었다.
필요할 때마다 스스로 지도를 그리고
세상의 모퉁이에서 배움을 하나씩 훔쳐 온
마치 캐리비안 해적 같은 학습자.

그리고 그처럼 세상의 각본 없이 길을 낸 사람들.
스티브 잡스.
오프라 윈프리.
J.K. 롤링.

잡스는 창의력의 울타리를 넘었고,
오프라는 지식을 인간 이해로 전환시켰으며,
롤링은 상상력으로 현실을 치유했다.

세 사람의 공통점은 분명했다.
그들은 모두 '정답'을 외우는 대신
'질문'을 품는 방식으로 세상을 살아냈다.

정해진 길이 아닌
스스로 배우는 삶을 선택한 사람들.

문득 이 질문이 마음에 고인다.

'우리는 언제부터
배움을 교과서 안에만 가뒀을까?'

진짜 배움은 교실 밖에서 시작된다.
지식 전달이 아닌 태도의 문제.
남이 만든 길이 아닌 스스로 닦아가는 길.

그리고 그 길 위에서만
비로소 마주하게 되는 배움이 있다.

그러니
우리가 '배움'이라고 부르는 건—
결국, 스스로를 데리고 걷기 시작한
바로 그 순간이었을지도 모른다.

확신이 없어도
길이 없더라도—
걷고 있었다는 사실.

그게 배움의 시작이었을지도.

그리고 그 배움은
정답을 찾기 위한 것이 아니라—
존재의 온도를 알아가는 길,
그저 그 안에 있었을 뿐.

오래보다 다르게 해온 사람이 결국 남는다
버티지 않고, 살아내는 쪽으로

누군가의 뒤가 아니라
내 발로 방향을 잡고 걷다 보면
딱히 뭘 하지 않아도
하루가 알차게 채워진
느낌이 들 때가 있다.

커피를 내리고
햇살 드는 창가에 앉아
책 몇 장을 넘긴 것뿐인데도.

어떤 날은
오래 있던 일보다
짧지만 강렬한 순간이
더 오래 남는다.

그럴 때면 문득
'오래'보다 '어떻게'가 더 중요한 게 아닐까—
그런 생각이 스민다.

순간이었지만 전부였던.
붙잡지 않았는데 오래 머문.
짧지만 흔들리지 않았던.
가볍지만 꿰뚫었던.

우리는 종종 '어떻게 보냈느냐'보다
'얼마나 오래 했느냐'에 더 쉽게 설득된다.

일, 사랑, 관계—
마치, 그 지속 시간이 '충성도'처럼 여겨지는 삶.

그건 시간의 양은 쉽게 보여도
막상 결은 가까이 있어야 느껴져서일지도 모른다.

그리고 어쩌면,
버틴다는 말 뒤에 남겨진
퇴색한 마음들을
애써 감추고 싶어서일지도 모른다.

출근은 했지만 나는 없던 하루,
감정은 멎었고 날짜만 쌓인 연애,
끝났지만 끊지 못한 관계들.

'1만 시간의 법칙'이란 게 있다.

글래드웰의 『아웃라이어』와 함께
어느새 하나의 개념처럼 자리 잡은 말.

그는 말한다.
'반복이 전문가를 만든다'고.

하지만 그 말은—
'시간'보다 '과정'에 더 깊이 닿아 있던 연구를
조금은 편하게 꺼낸 것이기도 했다.

결국, 대중의 머릿속에 각인된 건—
1만 시간을 채우면 된다'는 단순한 공식.

그런데 사실 이 말을 처음 꺼낸 사람은
심리학자 안데르스 에릭슨.

그리고 그의 의도는
지금 우리가 기억하는 것과는 조금 달랐다.
오래 했느냐보다 그 시간을 어떻게 써왔는가.

그가 주목한 건—
단순한 반복이 아니라 '의식적인 연습'이었다.

그저 오래 할 게 아니라,
무엇을, 왜, 어떻게 바꾸려 했는지를 알고 하는 연습.

명확한 목표를 세우고,
집중 안에서 흔들림을 줄이고,
받아들이기 어려운 피드백조차 끝까지 삼켜내며—
조금씩, 그러나 분명하게
자신을 바꿔 가는 연습.

그 연습은 사람마다 다른 결로 스며든다.

웹툰 작가라면—
그 시작은 무엇이 부족한지 묻는 것부터다.
손끝이 어색한지, 표정이 평평한지,
시선이 흐트러졌는지,
그걸 외면하지 않고 마주 보는 용기.

그리고
작고 명확한 목표를 세우는 일.
막연한 '연습하기'가 아니라
무엇을, 왜, 어떻게 바꾸려는지 아는 연습.

오늘은 화난 얼굴 열 개.
내일은 조용한 분노를
말없이 세 컷 안에 담아보는 시도.

다음은 그 안에 머무는 집중.
짧더라도 흔들리지 않는 몰입.

선을 따라가면서도 나를 놓치지 않는 감각.

그다음은 익숙한 걸 벗어나는 연습.
낯선 구도, 어색한 시선, 익숙하지 않은 감정선.
그걸 일부러 그려내며
나를 익숙함 바깥으로 데려가는 일.

그리고 피드백.
조금 아픈 말이라도 삼켜보는 태도.
되묻고, 받아들이고,
조금 더 정확히 담아보는 손끝.

마지막으로
그렇게 반복하며 조금씩 수정하고,
조금씩 나아가는 손끝.
금방 완성되진 않지만 그 안에서 인내하며
시간을 살아내는 일.

그렇다.

중요한 건
얼마나 오래 했는가가 아니라—
같은 시간을 어떻게 다르게 채웠는가다.

그리고 결국—

삶에서도 이렇게 다르게 해온 사람이
한 컷을 완성하고
자기만의 이야기에 닿는다.

퇴색되기 전, 매번 방향을 조정해 가며
같은 시간을 다르게.

언젠가 나도 그런 사람을 만난 적이 있다.
새벽 다섯 시,
마음이 몸보다 무겁던 날,
처음 만난 그 택시 기사.

문을 여는 순간,
따뜻한 재스민차 향이 가볍게 퍼졌다.

그리고 내 시선을 붙잡은 포스트잇 한 장.
그 안엔 정성스러운 손 글씨로 이런 글귀가 적혀 있었다.

"오늘도 당신은 충분히 괜찮습니다."
과장 없이 담백하게,
하지만 꼭 필요한 위로의 한 줄.

한 번뿐이었지만
지금도 이따금 생각나는 사람.

버틴 사람은 잊힐 수 있어도
같은 시간을 다르게 채워온 사람은 깊게 남는다
누군가의 마음에 스며들 듯— 말없이.

"얼마나 오래 살았는지가 아니라
어떻게 살았는지가 중요하다."
— Martin Luther King Jr.

조금은 서툴러도
정해진 길이 아닌
자기만의 리듬으로 걸어온 사람.

그 길은 길게보다 다르게,
오래보다 깊게 남는다.

그리고 그 흔적 위에서
존재는—
누군가 깔아준 길보다
더 자신다운 리듬으로,
버티는 대신 살아내는 힘으로,
조용히 자기만의 결을 쌓아간다.

조용히,
그러나 단호하게

나만의 온도로
존재를 발신하는 법

겉으론 나도 그런 사람으로 보일지도 모른다.
같은 시간을 다르게 살아낸 사람.
자기만의 리듬으로 살아온 사람.
그리고 좋아하는 일로 살아가는 사람.

하지만 그건 단지,
내 삶이 움직여온 방향일 뿐이다.

누군가는 말한다.
'좋아하는 일로 돈도 벌고 성공했네.'

또 누군가는 생각할지도 모른다.
'그래봤자 자기만족이지, 혼자 북 치고 장구 치는.'

가끔은 나도 그 말 앞에 멈칫한다.
진실은 늘 그 어중간한 지점에 있기 때문이다.
확신과 회의 사이, 드러냄과 침묵 사이.

나는 그 틈에서
조용히, 그러나 분명하게 서 있다.

그 조용함은 숨기기 위한 방어가 아니다.
내 리듬을 지키기 위한 태도다.

낯가림, 감정 소진에 대한 민감함,
'굳이 말하지 않아도 전해질 수 있다'는 믿음,
그리고 '내가 뭐 대단한 사람이라고'하는
겸손을 닮은 자의식.

이 모든 결이 겹겹이 쌓여
나는 말보다 여백을 선택해 왔다.

하지만 그 여백조차도
스스로를 증명하는 하나의 언어가 될 수 있다면—
그건 더 이상 결핍이 아니다.

존재의 방식이다.

말하지 않으면 존재하지 않는 듯한 시대.
그래서 모두가 외쳐야만 하는 듯한 세계.

그러나 나는 선택했다.

야단법석이 아닌
나만의 온도로 존재를 발신하는 길.

자기 PR이 필요하다면—
소란보다 결, 속도보다 깊이.

자기 존재를 인식하고,
그 인식에 대해 말할 자세를 갖추는 것.
그게 나에겐 PR이다.

나의 매일의 사유는
내가 가장 적절한 온기를 느낄 수 있는 지경까지
스스로를 데려다 놓는 일이었다.

그건 세상이 알려줄 수 없는 방식이었고,
그래서 더 단단해질 수 있었다.

"진짜의 감각은,
내 안에서밖에 기를 수 없는 것."

그러니 PR도 마찬가지다.
한다, 안 한다의 문제가 아니라—

필요하면 한다.
단, 내 방식으로.

내가 스스로 따뜻함을 느낄 수 있는 리듬 안에서
나만의 방식으로.

그렇게, 나의 덕업일치는 한 문장씩,
나의 온도와 리듬으로 쌓여왔다.

광고·홍보 기획자로 시작한 커리어.
즉각적 반응을 끌어내는 세계에서—
브랜드 이미지를 다져가는 홍보의 자리에서—
커뮤니케이션의 힘과
브랜딩의 밀도를 배웠다.

그러던 어느 날,
익숙한 일상의 틈에서
설명되지 않는 갈증이 피어올랐다.
'이 힘을 더 오래, 더 깊게 쓰고 싶다.'

광고는 찰나를 붙잡는 묘미를,
홍보는 신뢰를 쌓는 혜안을 일깨워 줬지만—

나는 점점,
시간을 머무르게 하는 언어를 원하게 되었다.

그래서 무작정 시작한 집필.
대중문화든, 사회든, 마케팅이든—

지나치는 것들에 말을 붙이며.

그리고 밤을 덜어 시작한 번역.
마음에 걸리는 문장을 따라
경영서부터 소설까지.

지면마다 다르게 보였지만
집필이든 번역이든,
결국, 같은 리듬으로.

그렇게 내 안엔
묻히지 않으면서도 소리치지 않는 문장들이
조용히 쌓여갔다.

그리고 어느 날 그 문장들은—
내 삶의 축을, 맥박을 바꾸기 시작했다.

더디지만, 깊게.
불확실하지만, 진짜로.

내 삶의 선택들은 고됐다.
하지만 바로 그 고됨이
영혼의 각성을 이끌었다.

그래서 길이 더디더라도 조급해지지 않았고,

속도가 더디더라도 방향을 보게 됐다.

가끔 조급한 눈이 나를 재단할 때도
흔들리지 않았다.

그 재단의 기준 위에 세운 삶은 그들의 것.
내 기준 위에 세운 삶은,
오롯이 나의 결로 서 있는 내 것이었기에.

지금의 나는 기획자의 자리도 지키면서,
조금씩, 창작자라는 이름에도 마음을 얹고 있다.

허리는 종종 삐걱대고,
근육통은 친구가 되었지만—

내면엔, 꽃이 핀다.

누가 그랬던가.
몸의 피로가 창작자의 뱃심을 만든다고.

아, 나다.
(그래도 물리치료는 빼먹지 않고 받는다.)

그럼에도—
나는 단단하다.

그리고 평화롭다.

조용히, 그러나 단호하게.
나만의 덕업일치를 살아내고 있기에.

좋아하는 일을 오래 하다 보면,
그 일이 왜 좋았는지조차 잊는 순간이 있다.
그러나 속아선 안 될지도 모른다.

사랑하는 사람에 대한 설렘이 잦아든다고
그 사랑이 사라진 건 아니듯이.

오히려, 그 감정은—
더 조용하게, 더 깊어졌을 뿐일지도 모른다.

설렘이 잦아든 자리에 남은
익숙함이라는 이름의 믿음처럼.

그리고, 이제
'무엇을 한다'가 아니라
'내가 누구인지'를 말해주는 언어처럼.

덕업일치란,
단지 좋아하는 일을

직업으로 삼는 게 아니라—
그 일이 내 존재의 방식이 되고,
나를 온기로 설명해 주는
언어가 되어가는 일이다.

그 언어를 잃지 않기 위해
난, 자기경영(自己經營)의 삶을 택했다.
내 감정을 들여다보며
기꺼이 나를 조율해 가는 일.

그건, 비단 시간을 쪼개고 성과를 쌓는
단순한 효율 관리만이 아닌—

내 태도의 리듬.
나를 잃지 않는 사용법.

나를 갈아 넣지 않으면서도,
나를 지워버리지 않으면서도,
계속 나로 존재하기 위한 방식.

그리고 그 본질에 닿는 행위.
Confrontation.

흐름에 떠밀리지 않고
내 삶을 내 기준으로 살아내고자—

체면의 얼굴을 한
오래된 검열과
매일 조금씩 마주하는 일.

"쇠가 뜨거워지기를 기다리지 말고
쳐서 뜨겁게 만들어라."
—윌리엄 버틀러 예이츠

그렇게 그 싸움을 피하지 않고,
기꺼이 자기 존재,
그 존재에 대한 자각,
그리고 그 자각에 대해
자기 온도로 말할 줄 아는 사람으로,

그 방식으로, 나는 발신한다.

그리고 그렇게 발산해 가는 자기 존재를 품는 일,
그 자체가 바로 PR이다.

* 내면에서 자연스레 흘러나오는 존재감이 '발산'이라면,
그것을 의식의 리듬으로 세상에 건네는 건 '발신'이다. *

**『개츠비를 지나
나에게로 돌아오는 문장들』**
개츠비 부록 #1

타협에 기대는 순간,
꿈이 가장 먼저 퇴색된다
이상을 말하면서
현실에 무릎 꿇던 내 마음에 대해

그땐 나도 그게 맞다고 여겼다.

이상을 지키려면 때로는 현실과 타협해서라도
그 꿈에 닿아야 한다고.

하지만 그 말은 어느 순간 방향을 바꿨다.
꿈을 지키려는 일은
내 안의 결을 조금씩 마모시키는 일이 되었다.

현실에 맞춰진 둔탁한 언어들이
소신이란 이름의 감각들을
조금씩 무뎌지게 할 때가 있다.

'살아남으려면 어쩔 수 없지.'

이상보다 통장, 진심보다 정산.

무뎌짐은 그렇게 합리적으로 시작된다.

그 말 앞에서 나도 조금씩 기대를 낮췄다.
하고 싶은 일보다 견딜 수 있는 일을 먼저 떠올렸고,
나를 지키는 말보다 상대가 듣기 좋은 말을 골랐다.

이상은 여전히 내 안에 있었지만
그 이상에 닿는 방식은
점점 현실의 틀에 맞춰지고 있었다.

슬픈 단념. 조용한 거리두기.

그렇게 언제부턴지
웃고 넘기는 일에 조금씩 익숙해졌다.

내 이상을 현실의 껍질에 싸맨 채
타협이라 쓰고 사실은 포기라 읽으면서.

그 모습이 어딘가 개츠비와 닮아 있었다.

그도 순수한 열망을 품었지만
그 열망을 이루기 위해 택한 방식은

더 이상 순수하지 않았다.

개츠비는 믿었다.
신분을 바꿔야만 데이지의 사랑을 되찾을 수 있다고.
말끔한 옷, 화려한 파티, 불투명한 돈의 냄새.

그 모든 건 사랑을 위한 증명이었지만
어딘가 방향이 어긋나 있었다.

데이지를 진심으로 좋아하면서도
'내가 더 갖춰져야만
사랑받을 수 있다'고 믿었던 마음.

그건 사랑이 아니라
스스로를 값 매기던 계산이었다.

나 역시 그랬다.
꿈은 지키고 싶었지만 그걸 증명하기 위해
현실을 조금씩 끌어다 썼다.

방법이 어긋나도 목적이 정당하면 된다고 믿었다.

조금만 더 잘되면.
조금만 더 근사해지면.
조금만 더 유능해지면—

그러면
내 존재가 설명될 줄 알았다.

그런 '조금'들이 끝없이 길어질 거라고는
생각조차 못 하면서.

그렇게, 그 시절 나는—
내 꿈을, 내 소신을 현실의 통장에 담아
증명하려 했다.

요즘 말로 하면 그건 '합리적인 선택'이라지만,
그 말을 자꾸 듣다 보면
감정도 결국 엑셀로 정리하게 된다.

한 번은 누가 그랬다.
"꿈은 머릿속에만 있으면 그냥 오락이다."

그래서였을까.
꿈을 꾼다고 말하면서도,
정작 현실과 타협한 나였기에
그 꿈을 입 밖으로 꺼내는 걸 오래 미뤘다.

그렇게 접어 넣은 말 한 줄은
혀끝에서 맴돌다 말았고,
꿈은 속삭임보다 작게 숨어들었고,

매일 삼킨 말들로 내 속은 무거워졌다.

그냥 말하지 않으면 지켜질 줄 알았고,
입만 다물면 영원할 줄 알았다.

그게 유예였는지, 회피였는지는 모르겠다.

하지만 지금은 안다.
현실과의 타협 속에 쪼그라든 건
꿈을 품는 방식 나의 진정성,
곧, 나였다.

이제는 말할 수 있다.

소신이란—
정당한 목표뿐 아니라
그 목표를 향해 나아가는 과정까지
흔들림 없이 품는 방식이다.

바람이 불어도 스스로를 부르며 걷는 발걸음,
세상이 흔들어도 조용히 뿌리 내리는 태도.

그렇게 소신은 말보다 먼저 나를 지켜내는 자세다.
그리고 그 방식은 조용히 자기 길을 걷는 데 있다.

세상의 잣대가 아닌
자기 진정성을 끝까지 지키는 것.

그 꿈을 지켜내는 과정이—
이미 그 자체로 증거다.

나는 이제 소신을 지키기 위해
타협하지 않는 법을 배워가고 있다.

소신을 지키는 방식에서 깊어지는 생각의 품격.
끝까지 나를 품는 길에서 빛나는 존재의 온도.

그 품격과 온도를 품고, 천천히—
타협 없는 걸음으로.
나는 나로 살아가는 방법을 되찾아가고 있다.

꿈이라는 이름 아래,
더 이상 나를 놓치지 않기로 하면서.

Chapter 2

'인정 욕구'를 지나 '자존감으로'
생각의 격을 높이다

타인의 시선을 넘어
내 존재를 스스로 증명하는 연습

시크한 냥냥 펀치의 힘은 강력하다
사랑은 하되,
목숨은 걸지 않는 고양이처럼

"너 그러면 안 놀아 준다?!"

내 주변엔
늘 애간장을 녹이는 녀석이 있다.
바로, 고양이 다무다.

녀석은
참 시크하고 도도하다.

길목을 막고 앉거나
내 다리를 소파 삼아 눕는다.

새벽이면 나를 꾹꾹 밟고 지나가고
탁자 위 물건은 '툭'—
한순간에 바닥행이다.

키보드 위를 밟고 지나가
글자 배열을 난수처럼 바꾼 적도 있다.

그날은 원고 반이 날아갔다.

그럴 때마다 난 외친다.
"안 놀아 준다!"
"간식 없다!"

하지만 소용없는 노릇이다.
녀석은 콧방귀도 뀌지 않는다.

결국 문제는, 나다.

그렇게 시크하던 녀석이 불쑥 꾹꾹이를 하거나
말캉한 발로 냥냥 펀치를 날릴 때면—

나는 그만 무장해제가 되고 만다.

심장 폭행, 그 자체.
(당해본 사람은 안다.)

하지만 처음부터 이랬던 건 아니다.

영 만만찮은 집사이던 나.

아무리 귀여움에 무너져도 밥시간은 지켜야 하고,
소파 긁기는 단호하게 "앗!"

그렇게 우리 집에선 천하의 다무라도
예의와 꾹꾹이를 함께 배워야 했다.

하지만 그 단호함도,
그 일이 있은 뒤론 자취를 감추었다.

그날도,
모든 게 평소와 같았다.

시간은 아무렇지 않게 흘렀고,
문틈으로 스친 바람도
익숙한 고양이의 발자국 소리도,
잠깐 멈춘 듯 고요했다.

그러다—
그 고요가 너무 길어진 걸 알아차린 찰나,
세상의 균형이 무너지는 소리가 들려왔다.

한 마디 울음도 없이
조용히 사라진 그 작은 그림자.

'냥이는 결코 사라지지 않는다'는
오래된 믿음이 무너지던 순간,
나도 함께 소리 없이 무너졌다.

숨조차 조심스럽고 슬픔이 뺨을 적시기도 전에.

그 아이가 없다는 사실보다
그 자리에 없다는 단순함이
세상에서 가장 잔인한 진실처럼 느껴졌다.

그때였다—
거실 한 귀퉁이 텅 빈 플라스틱 원통 안에
뭔가 흐릿한 게 느껴졌다.

앞발은 모아서 말캉,
엉덩이는 쏙—
슬며시 새어 나온 생크림 같은 몸,
눈은 동그랗게 뜬 채
투명한 벽에 납작 눌려 있던 그 아이.

다무였다.

마치 한 번도 떠난 적 없다는 듯
그 투명한 통 안에서
녀석은 날 조용히 바라보고 있었다.

"여기… 원래 내 자리인데?"라는 표정으로.

그리고 그 순간—

입 끝까지 차올랐던 탄식도
터지려던 웃음도
순식간에 잊게 만든 채,
그 '밀당의 고수'는 날 단박에 사로잡았다.

그렇게 권위 부리려던 난—
그날부터 순하디순한 집사로 길들여졌고,
이제는 고길동 집의 둘리처럼
그 녀석을 머리 위에 이고 산다.

그런데 사실 내가 길들여진 건—
이 모든 사건보다
이런 다무의 모습 때문이었는지도 모른다.

다무는 눈치는 보지 않지만
내 마음은 은근히 챙긴다.

내가 안아도, 껴안아도
오만상을 찌푸릴 뿐
그 자리에 가만히 있어 준다.

내 반응엔 전혀 개의치 않지만
내 니즈는 무시하지 않는다.

이게 바로 다무의 방식이다.

'나는 나고, 너는 너.
하지만 너를 무시하진 않아.'

말은 적지만 닫히지 않는 마음.

가까이 다가서지 않아도
등 돌리지 않는 거리.

눈빛으로도 충분히 건네는 신뢰,
과도한 친밀보다 깊은 절제.

이처럼 녀석은 조용히 머무르지만
머문 자리에 쉽게 잊히지 않는 온도를 남긴다.

그래서 녀석을 볼 때면,
늘 이런 생각이 스치곤 한다.

'다무처럼 사는 것도 괜찮겠는데.'

남의 말보다
내 마음에 귀 기울이는 법
자존은 쥐여주는 게 아니라
스스로 꺼내는 것

어렸을 땐,
누군가 칭찬해 주기만 해도
마음이 가볍게 떠오르곤 했다.

"너 진짜 잘한다."

그 한마디에
가슴이 가볍게 뛰었고
다음에도 또 잘해야겠다는 마음이
저절로 따라왔다.

그런데 이상했다.

나이를 먹을수록
그 칭찬은 점점 '기대'처럼 느껴졌다.

기쁘긴 했지만
어딘가 무거워졌다.

다음에도 또 잘해야만 할 것 같고,
혹시라도 실수하면
그 말이 다시는 돌아오지 않을까 봐
조심스러워졌다.

그러면서 알게 됐다.

남의 말에 기대어 사는 삶은
바람이 불 때마다 흔들린다는 걸.

그건, 『인형의 집』 속 노라에게도 낯설지 않은 감정이었다.

작은 새라 불리던 날들.
말랑한 웃음으로
집 안을 떠돌던 시절.
그땐 그게 사랑인 줄만 알았다.

하지만 그 말들이 전부
칭찬은 아니었다는 걸,
노라는 아주 늦게 알게 되었다.

희생은 미덕이라 믿었고
침묵은 애정일 거라 여겼지만―

위기가 오자, 믿던 사람은 사랑보다 체면을 지켰다.
노라는 그제야 문을 열었다.
'아내'도, '어머니'도 아닌
단지 살아보려는 한 사람으로서.

칭찬은 들을 땐 늘 달콤하다.
하지만 그 감정만 붙잡고 있으면
금세 속이 마르다.

욕심이 되고,
의무가 되고,
끝없는 검증 게임이 된다.

아마 그때부터였던 것 같다.
노라처럼, 말없이 시작된 나만의 연습.
누가 뭐라 해도 흔들리지 않도록
내 안 깊숙한 곳의 목소리를
조용히, 끝까지 들어볼 수 있도록.

"괜찮아, 지금도 충분해."

처음엔 말이 마음보다 앞섰다.
입술은 고백했지만 가슴은 아직 머물고 있었다.

믿는다고 말했지만 정작 믿음은

마음에 내려앉지 않았다.

그래도 그 조용한 연습을 이어가다 보니,
어느샌가 마음 어딘가가
조금씩 달라지기 시작했다.

매일 믿는 흉내를 내다 보니,
어느 날부터는 그 흉내가
진심처럼 울리기 시작했다.

어색했던 말에 숨이 붙고,
낯설었던 마음에 온기가 돌았다.

거짓이 아니었지만
진심도 아니었던 그 시작이
조금씩 진짜가 되었다.

그렇게 점점 내 안 어딘가에서
뭔가 단단한 소리가
피어오르기 시작했다.

내면의 소리를 듣는 건
꼭 거창할 필요는 없다.

예전이라면 눈치 봤을 상황에

작더라도 분명히, 나의 목소리를 울려보는 것.

카페에서 "음료만 드시죠?"물으면,
"네… 그냥요…"하고 웃으며 케이크를 집는 대신
"아뇨, 오늘은 진심으로 당이 필요해서요."라며
당당히 포크를 든다.

회의에서 의견을 물으면,
'이상하게 들릴까 봐' 아무 말도 안 하는 대신
내가 들은 걸 내가 먼저 믿기로 한다.

단톡방에서 날카로운 말이 떠도,
'혹시 내 얘기?'하고 하루 종일 머릿속을 씹는 대신
'오해는 풀면 되지 뭐'하고 앱을 닫는다.

그렇게 자그마한 연습이 점점 쌓이고 쌓이면—
남의 말에 맞춰 마음을 접던 나에게서도
조금씩, 단단한 소리가 피어오를지도 모른다.

진정한 존중은,
스스로를 존중할 줄 아는 사람에게서 나온다.

자기 마음에 솔직해질 때 말에 온도가 생기고
타인의 기준이 아닌 질문이 생길 때,
비로소 생각엔 결이 붙는다.

시선에서 벗어난 순간 자유는 비로소 도착하고
그제야 관계는—
'보이는 것'이 아니라
'느껴지는 것'이 된다.

'내가 나에게 솔직한 하루'는
거창한 결심보다
매일 나에게 조용히 되묻는 그 연습에서
천천히 시작된다.

"오늘도 나는 내 편이다."

그렇게 난
그 다정한 문장을
매일 내 안에서
다시 꺼내본다.

눈 하나 깜짝하지 않고 제 갈 길을 가면서.

"Be yourself;
everyone else is already taken."
- 오스카 와일드

춤을 멈춘 나,
리모컨을 놓는 너

칭찬 없이도
괜찮은 나로 서기까지

머릿속으론 안다.
누구 눈치도 볼 필요 없고
내 마음에만 솔직하면 된다는 걸.

그런데 그 일이 생각처럼 쉽지만은 않다.

존재를 일으키고
마음을 북돋우며
무너진 하루를 다시 세워주는 힘.

쉽게 주어지지 않기에
더 강하게 끌리는—
바로, 칭찬의 힘 때문이다.

그 한마디는—
때로 누군가의 삶에 작은 숨통이 되어준다.

차가운 등을 돌려세우고

고요한 침묵 속에서
흩어진 마음을 잠시 붙잡아둔다.

말보다 먼저 닿고, 손보다 오래 머무르기에
더 중독적인 칭찬—
그 힘은 그 정도로 강하다.

그런데 참 이상하다.
누군가는 춤을 추고,
누군가는 박수를 치는 사이

춤이든, 박수든—
꼭 둘 중 하나는 해야 할 것 같은
묘한 압박감이 따라붙는다.

그래서 그 자리에 그냥 앉아 있으려면
오히려 더 많은 에너지가 들 때가 있다.

움직이지 않자니
무심해 보일까 걱정되고,
반응하지 않자니
어딘가 불편한 사람처럼 비칠까 봐.

그러다 보니 결국
움직이고 반응하게 된다.

기꺼운 마음보다는
뒤처지지 않기 위해.
따뜻함보다는
잊히고 싶지 않아서.

"칭찬은 고래도 춤추게 한다."

이 익숙한 말은—
어쩌면 그래서 더
우리를 조용히 끌어당겼는지도 모른다.

춤이라는 행위보다 먼저 정해진 역할로서.
칭찬을 받고 싶은 자,
칭찬으로 무언가를 얻고 싶은 자.

하지만 그렇게 계산된 말이라면
그걸 칭찬이라고 부를 수 있을까.

칭찬은 주는 쪽도, 받는 쪽도 잠시 충만해진다.
하지만 그건,
대부분 상대적 충족일지도 모른다.

칭찬을 받는 자는 그 한마디로
자신의 위치와 존재를 증명받고,

칭찬을 하는 자는 그 반응으로
권력을 쥐고 있다는 감각에 미묘하게 젖어 든다.

그러니까 둘 다,
상대를 통해서만 존재를 실감하는 것일지도.

물론 칭찬은 따뜻하다.

하지만 이 구조가 계속될수록
한쪽은 기대에 조이고,
다른 쪽은 반응에 중독된다.
그리고 그건—
둘 다 스스로 충분함에 이르지 못했다는 반증.

움직여야 존재를 증명받고,
움직이게 해야 영향력을 실감하는 구조.

이런 흐름 속에서—
감정은 정직에서 멀어지고
관계는 깊음에서 멀어진다.

『고래여, 춤추지 말라』의 이인환은 지적한다.

'범고래는 훈육이 아니라

인간의 즐거움을 위해 조련된다.
그리고 그 대가는 자유가 아닌 속박,
단 몇 마리의 비린 고기뿐이다'라고.

범고래는 단지 동물이 아니다.

조련당한 그 몸짓 속엔 체제에 적응하느라
자신을 잃어가는 우리의 모습이 겹쳐 있다.

칭찬은 고래를 '움직이게' 만들지만
그 춤은 기쁨에서 시작된 것도
흥분의 몸짓도 아닌—
훈련된 반응일 뿐.

그렇게 그 구조는—
보이지 않는 힘으로
존재를 자율자재로 조율한다.

그러니 문득 조용히 묻게 된다.
'내가 이 삶을 살고 있는 이유는—
나의 기준 때문인가,
아니면 타인의 리모컨 때문인가.'

그리고 그 물음 끝에 이런 나와 마주한다—
한때 망설였고 선뜻 답하지 못했지만

더는 그 물음 자체를 회피하지 않는 나.
'나로 사는 연습'의 시작점에 선 나.

삶은 누가 대신 조종해 줄 수 없다.
결국은, 내가 고르고 내가 살아내는 것.

그러니 이제는 누군가의 박수에 맞춘 춤이 아니라
내 안의 리듬이 먼저 움직여야 할지도 모른다.

그리고 그건 매일 거울 앞에 서서 이렇게 묻는 일.
'이게 정말 나인가?'

나의 리듬, 나의 리더십, 나의 온도대로 나아가는 일.

"나를 나 자신이 아닌
다른 누군가로 만들려는 세상에서
나답게 사는 것이야말로 가장 큰 성취다."
—랄프 월도 에머슨.

그것이 바로 '존재 중심의 삶'이다.

문득 이제는 고인이 된 다이애나비가 떠오른다.

만인의 사랑을 받았지만

정작 가장 가까운 사람에게조차 인정받지 못했던 인물.

그 외면은 단순한 상처가 아니라
자기 존재가 부정당한 경험.

자신이 누구인지조차
혼란스러워질 만큼 속을 잠식하던 무게.

그렇게 왕실이라는 체제 속에
누군가의 아내로, 며느리로,
어머니로 존재해야 했던 그녀였지만—

오랜 침묵 끝,
마침내 스스로의 존재를 선언한다.

검정 오프숄더,
—'리벤지 드레스'.

우아하면서도 꽤나 파격적이었던 그 차림은
단순한 복장이 아니라 선언이었다.

묶였던 삶에서의 해방.
잊히고 눌렸던 자기 존재의 복권.

왕실의 얼굴도, 누군가의 아내도 아닌—
오직 자기 존재의 결을 입은 한 사람.

그렇게 그 선언은,
끝까지 자기만의 리듬을 지켜낸 사람으로 그녀를 남긴다.

그 장면은 언젠가 우리 모두가
마주하게 될 무대일지도 모른다.

남의 쇼가 아니라
'내가 주인공'인 무대.

내 리듬, 내 흥을 따라
내 존재가 먼저
움직이기 시작하는 춤.

다시, 다이애나처럼,

그것이 바로,
가장 나다운 춤.
내 안의 감각이 이끄는
존재의 방식이다.

빛나고 싶은 마음이
자주 놓치는 것
나를 드러내되,
나를 잃지 않으려면

누군가의 인정에 기대지 않고
괜찮은 나로 서는 것—
그 마음은 분명 중요하다.

그런데 그 빛이
누군가의 시선을 끌기 위해
과해지기 시작한다면—

그건 또 다른 종류의 욕망일지도 모른다.

요즘 자주 눈에 띄는 풍경들이 있다.

"조용히 다녀왔어요"라며 사진은 열 장 넘게 올라오고
"소중한 사람들과의 시간"이란
스토리엔 태그와 감성 멘트가 가득하다.

"말 안 했는데 기억해 줘서 고마워요"라며

생일 축하 메시지는 하나하나 캡처되어 올라간다.

"그냥 기록용이에요"라는 말 뒤엔
각 잡힌 앵글과 분위기 맞춘 BGM이 이미 갖춰져 있다.

다들 조용했지만, 하나같이 품은 건—
누군가에게 닿기를 조용히 기다리는 마음.

관종이라 불리는 태도.
때로는 솔직하고 귀엽다.

자기 방식대로 표현하고
주목받고 싶어 하는 그 에너지는
창의의 시작점이기도 하다.

문제는 그 마음이—
귀엽고 가벼운 관종기를 넘어
검증에 집착하는 욕망으로 변질될 때다.

아쉽기보다 보여주지 못했다는 초조함.
그냥 '나'로는 불충분하다는 불안.
누군가가 봐줘야만 비로소 나일 것 같은 착각.

그렇게 '보여지는 나'에 매달리게 될수록—
'나를 믿는 감각'은 조용히 닳아간다.

십 년 전, 그 늪에 빠진 동료가 하나 있었다.
늘 눈에 띄는 옷차림, 당당한 입장.

하지만 우린 종종 그와 눈을 피했다.
그가 신상을 입고 온 날이면,
말들이 조용히 품평 쪽으로 흐르곤 했기 때문이다.

"핏 어때요?"
"좀 밋밋하지 않아요?"

대답은 늘 해석됐고,
해석은 오해가 되었으며,
대화는 자주 심문처럼 느껴졌다.

문제는 대답이 '문제'가 되는 구조.

"좋은데요." — 무성의로 받아들여졌고
"나쁘지 않아요." — '나쁘다'로 해석됐으며,
"깔끔해요." — "그게 칭찬이에요?"로 되돌아왔다.

질문은 하는 척했지만 정답은 이미 정해져 있었고,
우리는 그 답에 맞춰 조용히 들러리가 되어갔다.

기억에 남는 장면이 하나 있다.
사내 중창대회.

밤낮으로 준비하던 노래를, 그는 사흘 전 바꿨다.
"이건 너무 심심해요. 졸려요. 임팩트가 없어요."

별 설득도 없이 우리가 준비한 곡은 지워졌고,
그는 더 눈에 띄는 노래로 밀어붙였다.

그렇게 그는 리드보컬이 되었고,
우리는 각자 한 소절씩 조용히 밀려났다.

그날 우리는 인기상을 받았다.
하지만 그 무대엔 함께한 기억이 없었다.

소리는 있었지만 울림이 없었고,
귀는 열려 있었지만 심장이 잠들어 있었다.
말은 많았지만 서로의 중심엔 닿지 못했다.

빈방에서 울리는 음악처럼,
모양은 있었지만 머무는 온기는 없었다.

그제야 알았다.
소리는 누구나 낼 수 있어도
울림은 자신이 진심일 때만 깃든다는 것을.

이후의 회의도 다르지 않았다.

그의 발표는 화려했고,
빈론은 목적보다 과시에 가까웠으며,
그 존재는 점점 쇼에 가까워졌다.

하지만 무대의 중심이고자 했던 그 행보는
조용히 역효과를 불러왔다.

그가 관심을 구하는 사이, 신뢰는 뒷걸음쳤고
빛을 더하려 애쓸수록 진심은 그림자에 숨어버렸다.

보이려는 그와
머무르려는 우리 사이,
남은 건 점점 깊어지는 거리뿐이었다.

그리고 마침내,
그는 그 무대에서 스스로 내려왔다.

적절한 관심은 에너지다.

그러나 과잉된 인정의 욕망은
자존을 잠식하는 덫이 된다.

진짜 매력은 보여지는 내가 아니라
흔들리지 않는 나에게서 시작된다.

빛을 쬐되,
눈부심에 기대지 말 것.

말하되,
내 속의 고요를 버리지 말 것.

누가 보든 말든
내가 나를 바라보는 시선을
놓치지 말 것.

그렇게
시선을 끌기 위해
조급히 빛나려던 마음에서 벗어나

시선 없이도
자신을 향해 걸어갈 때—

존재는
순간의 눈부심이 아닌
자신만의 빛으로 남는다.

너를 붙잡는 동안
내가 사라지고 있었다
사라지던 마음에서
머무를 수 있는 나로

빛나려던 마음을 벗고
고요한 빛으로 남는 길—
그 길은 오래 남는다.

그러나 나를 향해 걷는 그 길이
그리 만만하게 내디뎌지는 건 아니다.

특히 가까운 사람에게일수록
그 길은 더 어렵다.

그건 어쩌면—
더 많이 기대하고
조용히 기대며
마음을 확인받고 싶어서일지도.

가족을 만나러 가던 보스턴행 비행기 안,
조용한 싸움 하나를 마주쳤다.

한 사람은 대답을 끌어내려 애쓰고 있었고,
한 사람은 대답의 필요성을 못 느끼는 눈치였다.

"아직도 나 사랑해?"
"너 없으면 안 돼."
"넌 내 전부야."

"이젠 좀 그만하자….
누가 보면 부부 싸움 끝내고
화해 여행 온 줄 알겠다."

"새로 시작할 수도 있잖아? 아니야?"
"…."

기내는 어둑했고 창밖엔 이름 모를 불빛이 스쳤다.

난, 남자의 답이 듣고 싶어
들었던 아이폰을 다시 손에 쥐었지만—
끝내 들려오는 답은 없었다.

그렇게 그 고요는 모든 걸 말해주고 있었다.

확신을 구하는 게 아니라
사랑이 떠날까 봐 붙잡으려는 마음.

얼핏 애정 표현 같지만 그 안에 깃든 불안.
상대를 주이려는 무의식.

결국 기내의 그 밤,
말은 오갔지만, 마음은 제자리였다.

관종기라는 건,
사실 사랑을 더 받고 싶다는 말이기도 하다.

하지만 연인을 향해, 배우자를 향해
그 마음이 반복되기 시작하면—
사랑은 '머무는 감정'이 아니라
'검증받아야 하는 관계'가 된다.

한 사람은 매번 확인받고 싶어 하는 마음으로,
한 사람은 매번 시험대에 올려진 기분으로.

이처럼 관계가 사랑이 아닌 검증이 될 때
우리는 존재가 아니라 역할을 하게 된다.

넷플릭스 드라마 『YOU』의 조 골드버그.
사랑이라는 말로 상대를 감싸지만
늘 불안 속을 거닐던 남자.

확신을 원하다가 결국 상대를 통제하게 되고
그때부터 사랑은 조용히 조작된다.
그는 애정을 말하지만
실은 자신이 무너질까 봐 상대를 지운다.

상대를 향한 일방적인 관종기.
경계 없는 마음.
사랑과 상처 사이를
극단으로 오가는 그 감정.

관심이 없으면 절망으로 미끄러지고
버려졌다는 감각이 존재 전체를 위협하는 마음.

자신에게서 길어 올려야 할 확신을
끝끝내 타인의 눈빛에서 찾으려 하는 그 집착.

결국, 그 끝엔—
병든 관계만 남는다.

관계만 병들면, 그나마 다행일지도 모른다.

그렇게 자기 안의 공허를 감추기 위해
타인의 삶을 덧입는 사람은—

거울 앞에 설 때 늘 자기보다
누군가의 말투를 먼저 마주하게 된다.

좋아하는 것도 웃는 방식도
어느새 빌려온 것들로 채워간다.

속은 비어 있는데 겉은 분주하다.

늘 텅 빈 마음을 타인의 취향으로 포장하고
허기를 누군가의 칭찬으로 눌러본다.

그러다 어느 날—
문득 마주하게 된다.

어디에도 나답지 않은 낯선 자신을.
사랑이란 말 아래 조용히 지워져 온 나를.

사랑받고 싶은 마음은
누구에게나 자연스러운 감정이다.

하지만 그 마음이
확인의 언어로만 흘러가기 시작할 때—
사랑은 점점 피로한 감정이 되고,
점점 상대의 대답에만 기대게 된다.

그러니 내 앞선 마음의 크기에 따라
어찌 변할지 모를 그 사랑 앞에서—
우리는 마음부터 준비해야 할지 모른다.

언제라도 누가 사랑해 줘야
비로소 괜찮은 내가 아니라
사랑받기 전에도
고요히 머물 수 있는 마음.

감정의 중심을
상대의 말이 아닌
내 안의 감각에 두는 마음.

그렇게, 그 마음으로
관계 안에서도
자기 안에서도
자연스레 머물 수 있을 때—

비로소 존재는
누구 곁에 머물러도
자신을 지우지 않고,
상대를 시험하지도 않으며
넉넉한 사랑에 닿는다.

관종이라 불릴 때
그 마음은 어디쯤 있었을까
그 '관심',
죄가 아니라 신호일 수 있다

사랑받고 싶은 마음은
누구에게나 있다.

하지만, 그 마음을
어떻게 꺼내느냐는 조금씩 다르다.

어떤 이는 그 마음을 조용히 삼키고,
어떤 이는 조금 더 큰 몸짓으로 드러낸다.

한동안 잊고 지냈지만
아직도 가끔은 떠오른다.
무대에서 내려왔던 그 동료.

그는 '관종'이라 불렸다.

하지만 그 단어 하나로 담기엔
아까운 사람이었다.

그는 사람의 이목이 어디에 모이고,
어떻게 흐르는지를 직관적으로 알았다.

훈훈한 외모에 유려한 말솜씨,
성실함과 재치까지 갖춘 팔방미인.

광고업계에서도 흔치 않은 인재였다.

그런 그가, '관종'이라는 이름 아래
결국 조용히 사라진 사실이—
아직도 내 마음에
작은 죄책감처럼 남아 있다.

그때부터 종종 마음을 붙드는 질문.
'관종의 끝은, 정말 내쳐짐이어야 했을까.'

그리고 잔잔히 들려오는 속울림.
'꼭 그렇진 않았을지도.
우리가 그렇게 서둘지만 않았더라면.'

'관종'이라는 말.
가볍게 웃고 넘길 수 있을지 몰라도,
누군가의 마음을 단숨에 묶어버리기도 한다.

그 안엔 다가가려는 마음보다
선을 그으려는 감정이 먼저 담겨 있다.

"쟤는 그냥 나대고 싶어서 그래."
"관심받고 싶어서 쇼하는 거야."

이 몇 마디는,
한 사람의 가능성과 진심을
단숨에 '과잉'과 '유난'으로 바꿔버리는
무기가 된다.

나도 무심코, 어쩌면 일부러
지나쳐버린 그 마음의 끝자락을
언젠가 스스로 들여다본 적이 있다.

그리고 거기엔—
이런 두 가지 심리가 숨어 있었다.

하나는 '튀는 자'에 대한 불편.
평균 안에 머무르면
무난하고 편하다 믿는 마음.
다르면 괜히 불편하고,
튀면 괜히 눈에 밟힌다.

다른 하나는 새로운 시도를

조롱으로 눌러버리는 마음.
"관종이잖아."
그 한마디면, 말도 책임도 슬쩍 비껴갈 수 있다.

결국, '관종'이란 말은 비판이 아닌 통제.
그 익숙한 말 뒤론—
누군가의 열정, 가능성, 자존이
아무렇지 않게 꺾여왔을지도 모른다.

더 나은 존재를 닮으려는 마음,
상대적 충족의 그림자.
그 마음은 때때로 우리를 흐리게 만든다.

자꾸 타인에게 눈이 가게 하고,
나의 부족함에 눈이 머물게 한다.

그렇게 더 나은 누군가의 그림자를 밟을수록
내 중심은 조용히 밀려난다.

반면, 나로서 충분한 마음,
절대적 충족의 관점.
그 마음은 우리를 선명하게 비춘다.

남의 지도엔 없는 궤도에 조용히 눈이 가게 하고—
닮으려는 대신 드러나는 진짜 자기에 미소 짓게 한다.

그렇게 그 마음을 따라갈수록,
삶은 조금씩 '자기'가 된다.

그렇다.

인간은 똑같이 살기 위해 태어난 존재가 아니다.

때로는 타인의 불편을 감수하면서도
그 길을 걸어야만 하는 사람도 있다.

저마다 자기만의 빛, 자기만의 목소리,
자기만의 궤도가 다르기 때문이다.

그래서 '너무 튄다'는 말은—
어쩌면 우리가 감당하지 못한
개성의 무게일지도 모른다.

돌이켜보면 그 동료의 퇴장은
그의 문제만은 아니었다.

그를 '관종'이라 단정 짓고
변화할 기회도 주지 않던—
어쩌면 우리 모두의
합작품이었을지도.

물론, 그에게도 아쉬움은 있었다.
조금만 더 유연히 대처했더라면,
함께 또 따로, 자기만의 성장을 찾을 수 있었을지도.

『지킬 박사와 하이드 씨』의 저자
로버트 루이스 스티븐슨은 말했다.

"매일을 거둔 수확으로 판단하지 말고
심은 씨앗으로 판단하라."

이 문장은 단순한 격언이 아니다.
기다림이 사라진 시대 앞에서,
그 말은—
여전히 깊다.

그렇게 '지금'보다 '방향'을 바라보는 감각.
'결과'보다 '기다림'의 윤리를 회복하는 마음.

그 중심이
누군가의 자존을 살릴 만큼,
그 조직의 문화를 바꿀 만큼,
있어 줬다면—

어쩌면 그저 '관종'이라 불렸던 그도
조금은 더 다르게 기억됐을지도 모른다.

그러니 이제—
누군가 유난스러워 보일 때,
난 이렇게 되묻기로 했다.

"저 몸짓은
무엇을 증명하고 싶은 걸까."

그 질문 하나가—
누군가를 밀어내는 대신
조용히 끌어안는 힘이 될 수 있기를.

그리고,
그를 지우는 딱지가 아닌
그를 살리는 신호로—
그 안에 조용히 깃든
존재의 온도가 될 수 있기를.

생존의 시대,
관종의 방식
드러냄과 절제가 공존하는
자기표현의 공식

관심받고자 하는 건
죄가 아니라 신호—
그 신호를 떠올릴 때면,
유독 영화 〈반도〉의 대사가 떠오른다.

"오늘만 살아라."

국가도 무너지고
인간성도 바닥난 세상.

〈부산행〉 그 뒤,
4년이 흐른 세계에서 이 한마디는—
내일을 잃은 시대의 단면을 건넨다.

너나 할 것 없이,
살아남고자 나선 예상 밖의 선택들.
그 마음엔 이런 메시지가 숨어 있다.
"누구도 누구의 삶을 함부로 재단할 수 없다."

좀비 아포칼립스까지 가지 않더라도
어쩌면, 애초 우리에겐—
타인의 삶을 판단할 자격 같은 건
없었는지도 모른다.

특히 '관종'이란 단어,
요즘 너무 많은 감정과 해석이 덧씌워진
그 말 앞에선.

다행히 『관종의 조건』은
그런 낙인에 조용히 작은 숨구멍을 내주었다.

책은 말한다.

관심을 잘 다룬다는 건—
결국 삶을 자기 방식으로 구성하는 능력이라고.

늘 눈에 띄되, 지나치지 않는 절도.
자기 색을 잃지 않되,
타인의 호흡에 묻히지 않는 감각.
말보다 증명되는 실적.
주목을 즐기되, 중독되지 않는 거리.

이쯤 되면 얼핏 떠오르는 사람이 있다.

스티브 잡스? 일론 머스크?

아니, 내 머리를 스친 건 다른 두 사람이다.
〈패터슨〉의 패터슨, 〈슈츠〉의 하비 스펙터.

둘은 완전히 다른 방식으로
자기답게 '관심'을 다룬 인물이다.

패터슨은 고요한 결을 지닌 사람.
버스를 운전하고 시를 쓴다.
매일 같은 루틴 속에서
자기 방식대로 감정을 꺼내 놓는다.

빛나진 않지만 사라지지도 않는다.
자기만의 리듬, 자기만의 감도로
세상과 거리를 유지한 채 온기를 남긴다.

하비 스펙터는 날 선 결을 지닌 사람.
말도, 옷도, 결과도 탁월하다.
하지만 그게 유난스러워 보이지 않는 건—
실력이다.

그는 말보다 분위기로,
존재보다 장악력으로,
무대를 지배한다.

요란하지 않지만 지워지지 않는 사람, 패터슨.
빛나되 도취되지 않는 사람, 하비.

둘은 다르지만—
결국 같은 결론에 닿는다.

"관심은 받는 것이 아니라 다루는 것이다."

결국, 관종이 욕이 되지 않는 길은—
'관심'이 기술처럼 다뤄지는 일.

어떻게 보일지, 어디까지 비출지
판단해 나를 드러내는 일.

관심을 욕이 아니라 도구로 쓰는 능력.
말을 던지는 게 아니라 울림을 계산해
표현이 아닌 진심의 각도를 다듬는 능력.
주목은 덜어내고도 남은 나를 끝까지 믿는 힘.

요즘 Z세대는 말한다.
"왜 숨겨? 있는 그대로 보여줘."

그 말 안엔 과거의 "나대지 마"라는 말엔 없던
정직한 감수성이 있다.

그래서 드러낸다는 건—
이제, 민망함이 아니라 태도다.
감추지 않는 것. 가공하지 않은 나.
보여주는 것이 아니라
살아 있는 걸 증명하는 방식.

예전엔 그랬다.
신비는 권력, 드러냄은 오만.

하지만 지금은 다르다.

막연히 '신비한 사람'보다
'내 옆에서 숨 쉬는 사람'에게 더 마음이 간다.
댓글을 달고, 떡볶이를 먹고, 실수를 공유하는 사람.

그래서일까.
이제 SNS는 일기가 아니라 무대.
"이게 나예요."라는 자기다움의 이력서.

보이지 않으면 없다고 여겨지는 세상.
안 보이면 잊히고, 숨으면 사라진다.

그러니 이제 이렇게 말해도 좋겠다.
"관종력은 빛보다 방향을 다듬는 일이다."

보여주는 감각,
주목을 설계하고, 드러냄을 컨트롤하고,
자기다움을 기록하는 방식.

어쩌면 그건—
오늘을 살아내고 내일을 지켜내는
가장 근사한 전략일지도.

그래서 이제 누군가 묻는다면—
"혹시 관심받고 싶으세요?"

뜻밖에도 이렇게 대답할지도 모른다.

"네, 기꺼이요."

아니, 조금 더 과격하게
"Abso-fucking-lutely. 당연하죠!"

왜냐하면 더는—
그것이 나를 속이는 퍼포먼스가 아니라
자기다움으로 세상과 연결하는 길이란 걸,
이제는 어렴풋이 알기 때문이다.

"Let your light shine.

Let the world see your light."
―오프라 윈프리.

우리 안의 빛.
그 고유한 색과 에너지.

그건, 더 이상 부끄러워하거나 감출 게 아니다.

그 빛을―
우리만의 언어로
우리만의 세계로
우리만의 철학으로
조용히 바꿔내는 능력.

바로,
절대적 충족에 가까운 삶,
고요한 사유가 깃들고
감히 흔들 수 없는
존재의 온도가 감도는 삶이다.

나를 브랜드로 입다
빛을 감추지 않는 기술 너머
진짜 '나'를 입는 법

빛을 감추지 않는 시대.
누구의 옷이 아니라
내가 고른 색과 무늬로
나를 입는 시대.

그렇게 주목을 다루는 감각 하나쯤은
품고 살아가는 시대.
이제 '드러냄의 결'은—
능력의 일부가 되었다.

말 잘하고, 시선을 끌고,
사람들 앞에서 존재감을 드러내는 힘.

하지만 그 감각을 익혔다고 해서
늘 중심을 지킬 수 있는 건 아니다.

어쩌면 그 감각을 제대로 쓰기 위해서라도
먼저 중심이 서 있어야 하는지도 모른다.

그래야만 주목받는 순간에도
자신을 잃지 않고 머무를 수 있으니까.

햇살이 유난히 따가운 어느 봄날.
마음은 자꾸 밖으로만 흐르는데
마감이 조용히 어깨를 눌러오는 날.

이상하게도 조용한 책상보다
웅성임이 더 오랜 집중을 불러오는 날.

그래서 그날도 북적이는 도서관 한가운데
책이 탑처럼 쌓인 자리 한켠에
조용히 몸을 걸터앉혔다.

두 시간쯤 흘렀을까.
기지개를 켜는 순간—
두 여성이 시야에 들어왔다.

고등학생쯤 되는 아이들의 엄마.
아이들이 자리를 뜨자
기다렸다는 듯 속삭임이 시작됐다.

"자기야, 자기 아들도 스포츠토토 해?"
"…엥?"

"애들이 엄청 한대. 돈 없으면 빌려서도 하고."
"얼마나?"
"4~5만 원? 백 단위도 있어."
"뭐 하려고?"
"명품 사려고. 구찌, 페라가모…."

마치 지금의 '보여짐의 시대'가
고스란히 묻어 있는 창 같던 그 대화.

문득 떠올랐다.
<여신강림> 속 이수호.
교복 위로 겹쳐 입은 톰브라운, 발맹, 생로랑.
완벽하게 세팅된 고등학생.

그리고 90년대 힙합 가사들,
자존감의 자리에 명품부터 앞세우던 소년들.

그 선택은, 낯설지 않았다.
그건 결국—
우리가 물려준 세계의 반사광이었을 뿐.

옷의 로고든, 직함의 타이틀이든,
'이름값'으로 자신을 입어 온 세월 속에서
당연히 아이들의 선택은—
빛바랜 어른의 꿈을 닮은 반복이었을 테니까.

명품은 입었지만
이름은 한 걸음쯤 뒤에 머문 얼굴들.
거울 속에 옷은 보이지만
표정 안쪽에 조심스레 감춰진 기색들.

그동안 우리가 간직해온 그 표정은
늘 이렇게 말한다.
"이 정도면 괜찮은 나야."
그리고, "그냥 나로선 여전히 부족해."

그렇게 당당해 보이는 모습 뒤로
슬며시 자라나는 조용한 자기부정.

자존감을 명품에 거는 건,
집 안 거울이 아닌
쇼윈도에 비친 나를 보고 사는 일이다.

그리고, 그 반짝임은 대개
빛나기보단—
'빛나야만 한다'는 강박에서 시작될지도 모른다.

"어떤 사람이니?"보다
"뭘 가졌니?"를 먼저 묻는 쏠쓸한 현실.
존재보다 소유가 중시되는 곳.

그 상대적 충족 안에선—
손에 쥔 것늘로 사람을 새난하고
잔고로 마음의 넓이를 가늠한다.

이름보다 직함이 먼저 불리고,
표정보다 성과가 기억된다.

걸친 로고로 사람의 무게를 짐작하고
로고 박힌 선택지를 입은 채
삶을 한정판처럼 소비한다.

그러다 결국—
정작 중요한 물음은 잊고 산다.

'난 어디서 만들어졌을까.'

존재하는 자기 자신은 지워진 채
'소유된 나'만 남는 삶.

그러니 그 생각의 끝에서 묻게 된다.
'중요한 건,
지금 내가 뭘 입었는지보다
그 안에 품고 있는 이야기가 아닐까.'

얼마짜리 가방이냐보다

그 가방을 채워가는 마음의 결.

남의 시선에 맞춘 기준보다
내 안의 결로 중심을 세워가는 감각.

결국, 가장 오래가는 브랜드는—
'나'라는 이름이다.

그건,
값비싼 이름이 아니라
진심을 담은 언어로
나의 삶을 나답게 살아내는 나.

빛을 입기보다,
빛을 품는 사람이 되는 나.

겉이 아니라
진심으로 자신을 증명하는 나.

그렇게 나를 브랜드로 입는다는 건
소유보다 태도,
보여줌보다 살아내는 쪽을 선택하는 일이다.

그리고 그거야말로—
10년, 20년 후에도

'나를 입은 사람'으로 기억되는 방식이다.

"아무리 명품이라도 나만큼 고유하진 않다."

내가 걸어온 결.
값으로는 닿지 않는
절대적 충족.
그게 곧,
나라는 존재의 브랜드다.

스스로 납득하는
자기 삶의 장인이 되는 길
브랜드로 존재하는 삶,
그 이후

브랜드로 존재하는 삶,
그건, 매일을 고르고
스스로 납득해 내는 길의
또 다른 이름이다.

누구나 처음엔 보여주고 싶고,
증명하길 바란다.

하지만 그런 방식으론
자존이 오래 설 수 없음을
조금씩 알게 된다.

때때로 보여주고 말해도
믿음과 수용은 또 다른 영역의 일이기 때문이다.

결국 중심은—
스스로에게 납득되는 순간들 위에만 선다.

'보이지 않는 결',
'말 없는 선택',
'누가 묻지 않아도
묵묵히 이어진 태도'같은 순간들.

그런 납득되는 순간들 하면, 떠오르는 물음이 있다.

"난 지금 밑 빠진 독을 채우고 있을까,
아니면 화수분을 채우고 있을까?"

그리고 가끔,
이 질문은 성취보다 더 깊이 머문다.

특히, 성과는 있는데 뭔가 자꾸 빠져나갈 때.

사람들이 박수를 치는데
그 소리가 내 안엔 들어오지 않을 때.

남의 기대에 부응하느라
내 마음이 언저리로 밀려난 걸 느낄 때.

그래서 떠오르는 또 하나의 물음표.

'지금 내가 채우는 건 나인가,
아니면 타인의 시선인가?'

삶은 때때로
두 방식의 축적 사이에서 조용히 갈라진다.

하나는 밑 빠진 독을 채우는 삶,
또 하나는 화수분을 채우는 삶.

밑 빠진 독을 채우는 삶은—
겉으론 가득한데 속은 점점 말라가는 삶.
비교에 쫓기고, 인정에 기대고, 높이만 바라보다
정작 내 자리는 잊어버리는 삶.

그 삶은 성과는 쌓여도 기쁨은 남지 않는다.
박수는 받지만 자존은 빠져나간다.

반면, 화수분을 채우는 삶은—
바깥이 아니라 내 안에서 시작되는 충만.
남의 기준 대신 나의 감각을 믿는 삶.
과정에 몰입하고, 결과에 흔들리지 않으며,
몰입에서 조용히 기쁨을 길어 올리는 삶.

그래서 그 삶은 쌓임보다 더 큰 기쁨이 남고,
박수보다 더 깊은 자존이 자리한다.

문득 〈백종원의 골목식당〉에 나왔던

한 돈가스 가게 사장님의 말이 떠오른다.

"직접 손질한 고기만 사용해요."
"제가 못 먹는 건 손님에게 줄 수 없어요."

그 문장들에서 삶의 기준이 들렸다.
등심살만을 남기고
하루하루 정성껏 손질하며
망치로 고기를 두드리는 일.

그건 단순한 조리가 아니라 삶의 리듬이었다.

하루 판매량은 적었지만,
맛은 늘 같았고 손님은 꾸준히 돌아왔다.

그는 말하지 않아도
자기 기준으로 증명했다.

그 반복과 고집 속에서
지속 가능성이 만들어졌다.

그런 사람을, 난—
'장인'이라 부르고 싶다.

누가 보지 않아도 기준을 지켜내는 사람.
일보다 먼저, 삶을 자기답게 쌓아가는 사람.

장인은 박수가 없이도 만들어낸다.

기술이 아니라 자기 기준으로.
흐름이 되는 고집, 살아내는 힘,
끝까지 가는 생명력으로.

그리고 그렇게 성과보다
신념의 방향을 따라가는 끝자락엔
누가 알아주지 않아도 스스로 납득할 수 있는
충분한 하루가 있다.

〈눈이 부시게〉에서 혜자는 말한다.

"후회만 가득한 과거와
불안하기만 한 미래 때문에
지금을 망치지 마세요.
오늘을 살아가세요."

그렇게 잘했건 못했건
끝까지 해낸 하루면 족하다.

결과보다 과정,
칭찬보다 기준을 남긴 하루.

그래서 자기도 모르게

이런 말이 나오는 삶.

'아무도 몰라도 괜찮다.
내가 알면 되니까.'

그렇게 브랜드로만 존재하지 않고
말 없는 자존의 방식으로
조용히 중심을 지켜가는 하루.

외형적 정체성을 넘어
내면의 기준과 지속성으로
자신을 구성해 가는 나날.

타인의 박수에 휘둘리지 않고
자기 기준에서 중심을 잡으며
조용히, 단단히
존재를 빚어가는 삶.

그게 바로,
'자기 자신을 입는'
'자기 삶의 장인이 되는 삶'이다.

자신에게 속할 때
진짜 나로 살아갈 수 있다
타인의 프레임을 벗어난
존재의 귀결점

자기 삶을 스스로 납득하며
묵묵히 다듬는 장인정신.

그건—
겉이 아닌 중심이
'브랜드로서의 나'를 완성해 가는 일.

하지만 그 장인정신조차—
소속감의 관성에 슬그머니 젖어들 땐
또 다른 역할로 그치곤 한다.

사회에, 조직에, 무리에 속해야만 한다는 관성,
그 관성에 순응하게 되는 순간,
다시 그 결은 타인의 지도 위에 선 삶이 된다.

그래서 진짜 질문은 여기서 시작될지도 모른다.

"나는 지금 누구에게 속해 살아가고 있는가."

한번은, 혼자 카페에 간 적이 있다.

원래는 달콤한 캐러멜 마키아토를 마시려 했다.
시럽도 듬뿍,
휘핑크림도 잔 위로 소복하게.

근데…
앞사람이 시킨 건 깔끔했다.
"디카페인 아메리카노요. 아이스, 샷 추가요."

그다음 사람도 마찬가지였다.
"뜨거운 아메리카노요. 시럽 빼주시고요."

갑자기 분위기가 진지해졌다.

마침내 내 차례가 왔을 때
입에서 튀어나온 말은—
"아… 저도 아이스 아메리카노요
(시럽 빼고요…)."

그리고 자리에서 난,
쓴 얼굴로, 쓴 커피를, 쓴 마음으로 마셨다.

진짜 나는
달달한 음료에 행복한 사람인데.

그 순간의 난—
사람들 눈치를 보며
카페인 전문 감성러를 코스프레하는 중이었다.

생각해 보면
우리 모두 그런 순간을 겪는 것 같다.

남들의 기대를 채우기 위해 애쓴 모먼트.
성공한 모습, 또박또박한 말투,
빈틈없이 유능한 일상.

그런데 이상하다.
그럴수록 진짜 나와는—
점점 멀어지는 기분이 든다.

그런 우리에게 칼 로저스는 말한다.

"놀랍게도,
나 자신을 지금의 모습 그대로 받아들일 때
나는 변화할 수 있다."

"The curious paradox is that

when I accept myself just as I am,
then I can change"
― Carl Rogers

진짜 나로 산다는 건,
익숙한 흐름에서 한발 물러나는 일이다.
남들이 짜놓은 플롯 대신
다른 길도 있다는 걸 믿고 움직이는 일.

결국,
자기 자신에게 속하겠다는 결심.

그 마음을,
브레네 브라운은 이렇게 불렀다.
『진정한 나로 살아갈 용기』

그렇다.

진짜 소속은
남이 원하는 내가 아니라
내가 믿을 수 있는 나에서 시작된다.

우리는 자주 이렇게 중얼거린다.

"이 모습은 좀 튈까 봐…,"
"이런 얘긴 안 해야 할지도 몰라."
"사람들이 좋아할 법한 내가 되자."

이건 상대적 충족의 언어다.
나를 줄여서—
누군가의 안에 들어가려는 방식.

그런데 그 안에 들어가는 순간,
우리는 '진짜 나'를 문 앞에 내려두고 만다.

하지만 그 반대쪽,
절대적 충족의 언어는 말한다.

"나는 내가 누군지 알아."
"꾸미지 않으면 좀 어때."
"그걸 괜찮아할 사람과 어울리면 되지, 뭐."

이건 연기의 삶이 아니라 존재하는 삶이다.
박수와 좋아요 없이도 중심을 지킬 수 있는 삶.

문득, <스타워즈>의 한 장면이 떠오른다.
누구나 한 번쯤 흉내 내봤을 그 대사.

"내가 네 아버지다."

다스 베이더는 루크에게 했던 이 말은—
단지 혈연 고백이 아니었다.
'넌 결국 나처럼 될 거야'라는 정체성의 강요였다.

그러나 이때 루크는 그 제안을 거절한다.

다크사이드의 환영을 걷어차고
자신을 절벽 아래로 내던졌던 것.

그건 항복이 아니라 자기 선언이었다.
"나는 너와 다르다."
"나는 내가 정한 방식으로 살겠다"는.

오늘날의 세상도 속삭인다.

"성공하려면 이 정도는 해야지."
"그 나이면 벌써 이렇게 돼 있어야지."
"그래서 말인데, 네가 좀 이 틀에 맞춰봐."

그러나 진짜 소속은 밖에서 주어지는 게 아니다.
그건 내 안에서 시작되는 감각.
누구의 틀에도 맞출 필요 없는 자유.

그러니 이제 이렇게 연습해 보면 어떨까.
"나는 내가 나라는 이유로 충분하다."
"진짜 나로 살아도 세계는 잘 굴러간다."

그건, 타인의 박수를 뒤로하고
스스로에게 박수를 보내는 연습이다.

조명이 아닌, 숨이 잘 드는 곳,
꾸미지 않아도 괜찮은 자리,
애쓰지 않아도 되는 온도를 찾는 일.

그게 바로 진짜 소속이다.
그리고 그 자리에서 우리는—
더 이상 애쓰지 않는다.

바로 그 감도,
그 결,
그리고 조용히 남은 숨결 하나.

결국, 그것이—
우리가 끝내 도달하는
존재의 자리다.

『개츠비를 지나
나에게로 돌아오는 문장들』
개츠비 부록 #2

박수의 허기에서
숨의 온도로

시선에 머물던 내가,
나로 돌아오기까지

나 역시 그 감정을 느껴본 적이 있다.

누군가의 시선 안에서만
살아 있는 듯한 착각.

늘 타인의 '괜찮아' 속을
헤매던 자의식.

하지만 그건 진짜 인정이 아니었다.
박수를 거울 삼아
스스로를 괜찮다고 믿으려는 허기였다.

어쩌면 그래서였나보다.

늘 조금은
더 괜찮은 사람처럼 행동하려던 것.

이왕이면
더 정제된 말,
더 기획된 표정,
더 잘 쓰인 아이디어.

회사에선 그걸 '열정'이라 불렀지만,
솔직히 두려움이었다.
인정을 받지 않으면
내 존재가 묻힐 것 같은.

그 삶은 매일 잔고를 확인하듯
박수의 유무로 존재의 가치를 셈하는 일.

"이번 발표만 잘 넘기면
좀 더 날, 드러낼 수 있지 않을까."

그렇게 누군가의 시선을 빌려
스스로를 증명하려 했던 마음은—

어딘가 오래된 이야기와
닮아 있었다.

개츠비.

그도 데이지를 통해
자신의 존재를
조용히 확인하려 했다.

그러나 그 마음은
끝내 사랑이 되지 못했다.

관계는 남았지만
그 안엔 존재의 허기만
조용히 감돌았다.

나도 그랬다.
박수를 기대했고
그 소리에 기대
잠시라도 내가 괜찮은 사람이라
믿고 싶었다.

그러다 문득 깨달았다.
그 박수가 멈추는 순간
내 안 어딘가에서
조용히 균열이 일고 있었다는 걸.

너무 오래 타인의 눈에 나를 걸어두고,

너무 자주 한마디 말에 흔들렸다는 걸.

그랬다.

머물렀다 떠나는
바람 같은 인정이 아니라
나는—
몸, 숨, 뿌리여야 했다.

남의 마음에 들기보다
내 마음에 속해야 했다.

그 시절의 나는
인정도 성공도 아닌
들키지 않기 위한
무대의 말투로 나를 연기했다.

하지만 그건—
그냥 슬픈 단념이었고
조용히 나를 잃어가는 일이었다.

인정은 타인의 마음에 살지 않는다.

그건 텅 빈 식탁 앞에서

누군가의 칭찬을 반찬 삼아 기다리는 마음.
박수 소리에 중독되어
고요하면 굶주리는 마음.

그렇게―
내가 나를 몰라 허기지는 곳,
남이 나를 몰라 아파지는 곳,
누군가의 눈빛 한 조각에도 배 고파오는 곳,
그리고 그 모든 굶주림이 머물던 자리는―
곧, 내 마음이었다.

이제는 무대 뒤,
시선이 사라지고 연기가 끝나고
말하지 않아도 되는 자리에서
나는 나를 다시 찾아가고 있다.

이제야 내 숨이―
숨처럼 이어지는 삶,
외부의 조명 없이도 내 안의 중심인 삶,
고요한 숨결 그대로 살아 숨 쉬는 삶.

그렇게 지금 나는,
다시 나라는 집을 짓는 중이다.

큰 창은 없어도 햇살이 들고,
벽은 두껍지 않아도 바람을 막고,
사람들이 스쳐 지나가도
낙서 하나쯤은 남길 여백이 있는 집.

마음이 들썩이는 날에도
기댈 수 있는 조용한 벽이 있고,
빛보다 먼저 드는 숨이 있고,
소음보다 먼저 감기는 고요가 있는 집.

누구의 발걸음에도 휘청이지 않고,
누구의 기준에도 흔들리지 않는—

살아있는, 살아내는, 스스로 숨 쉬는 집.
그 안에 천천히 머물기 위해.

그리고 지금,
존재의 온도는—
누군가의 시선을 견뎌낸 내가 아니라
그 시선을
조용히 놓아준 나에게서

서서히 머물며
나만의 숨결을 수놓아가고 있다.

Chapter 3

'직진 본능'을 지나 '자아 성찰'로
생각의 격을 높이다

속도의 중독을 넘어
나만의 리듬으로 삶을 되찾는 연습

라면 한 그릇의 직진 본능
세상이 아니라
내 안의 좋아함을 따라 달려간 순간

괜히 감성이 끌어올라
'파 송송 넣은 라면'이면
세상 다 가진 기분이 들 때가 있다.

그날도 그랬다.
비는 추적추적 내렸고
라면이 간절했다.

비 오는 날이면
막걸리에 빈대떡이라지만
내겐 라면이 그런 날의 상징이다.

그리움이든 허기든—
고단한 하루 끝,
정확히 알 수 없는 무언가를
뜨겁고 짭조름한 국물로
위로받고 싶은 날.

그럴 때면 본능처럼 냉장고로 향한다.
마음 졸이며 야채칸을 열어본다.

하지만 기대에 찬 손끝엔—
신기하게도, 늘 파도 없고 김치도 없다.
공허가 밀려오기 딱 좋은,
정교한 머피의 타이밍처럼.

그날도 마찬가지였다.

그래서 늘 그렇듯,
무작정 집 앞 편의점으로 내달렸다.
산발 머리, 추리닝, 슬리퍼 차림으로.

그리고 잠시 뒤, 진열대 저 너머로—
딱 하나 남은 파가 눈에 들어왔다.

그 존재는 지나치게 초연했고,
나는 지나치게 절박했다.

그렇게 난,
인류 멸망 직전 생존 미션의 주인공처럼
세상 하나뿐인 그 파를 향해 직진했다.

조명이 비춰진 공간,

심장박동처럼 고조되는 배경음악을 가르며.

그때였다.
옆에서 또 다른 인기척이 느껴졌다.

나와 비슷한 몰골의 누군가가
그 파를 향해 손을 멈칫거렸다.
순간, 서로의 눈빛이 엇갈렸다.

그의 시선이
어수선한 내 차림새와
내 라면 봉지를 스쳤고,
그는 피식 웃었다.

"아… 지금 끓이다 말고 나왔어요."

실랑이는 없었다.
우위를 따지기엔—
다급해 보이는 손짓이,
무엇보다도
뭐 하나 챙기지 못한 하루의 몰골이
너무도 닮아 있었으니까.
묘하게, 처연하게,

결국, 라면 봉지와 함께

그 파를 전리품처럼 움켜쥐고
집에 돌아온 나.

아주 소소하고,
지극히 내밀한 승리감이
마음 깊이 차올랐다.

그랬다.
분명 뭔가를 사러 나갔지만
채워진 건 물건이 아니라 마음이었다.

그때 그 마음 안에서
조용히 하나의 문장이 열렸다.
'진짜 충족은
그렇게 작고 사소한 순간에 있지 않을까.'

그렇게 그 충족은
그날 내 직진의 유일한 이유였다.

우리 안에는 누구나 직진 본능이 있다.
그런데 그 본능은 종종,
다른 누군가의 시선에 흔들리고,
세상이 정한 틀에 묶인다.

그리고 더 빨리, 더 멀리, 더 앞서는 것만이
살아 있는 증거인 줄 안다.
가야 한다는 강박,
도착해야 한다는 착각.

성공이라는 표지판을 따라
내가 만든 지도 하나 없이 직진하지만
돌아오는 건―

속도가 멈출 때
걷는 법도 잊고 존재도 꺼지는 삶.

그렇게 속도는 있지만 중심은 없는―
그건 상대적 충족의 삶이다.

직진은 지나치기 힘든 유혹이다.
하지만 중요한 건 속도가 아니라
그 직진이 향하는 방향일지도 모른다.

결국, 그 본능을 누구를 위해 쓰느냐가
우리 삶의 궤도를 결정하기 때문이다.

진짜 직진은 남의 시선이 아니라
내 안의 '좋아함'에서 시작된다.
비 오던 아침, 물건이 아닌 마음이 채워진 순간처럼.

좋아서 시작한 그런 직진은 멈추지 않는다.
그리고 중심을 잃지도 않는다.

지구의 중심에는 기울어진 축이 있다.
완벽히 수직하지 않아도,
오히려 그 기울기로
계절이 흐르고 생명이 자란다.

우리에게도 그런 중심축이 있다.
스스로의 충족을 향한 직진.
곧지 않아도, 무너지지 않는 방향.

지구의 궤도처럼―
삶의 어디에도 어긋나지 않으면서
모든 것과 자연스레 맞물리는 리듬.

그리고 그 리듬 안에서
존재는―
나만의 축을 따라
모두와 조화를 이루며
그 요동 없는 중심에서
고요히 빛난다.

달리고 있는 줄 알았지만 묻지 않았다
이젠 나의 리듬으로, 나만의 방향으로

누구의 속도가 아닌
나만의 속도로
나만의 축으로
나만의 중심으로
살아내는 삶,

그 삶엔 손쉽고도 질긴 유혹이 머문다.

가장 얕고도,
가장 깊게 스며드는, 그건—
언제나 어디에선가
뒤처지고 있다는 조용한 불안.

스크롤을 내릴 때마다
누군가는 햇살 가득한 카페에 앉아
라떼 위에 꽃을 피운다.

누군가는 초록 잎 사이를
고양이와 함께 걷는다.

뉴스피드 속 끝없이 이어지는 장면들.

그들은 안다.
언제 숨 쉬어야 할지,
어디서 멈춰야 할지,
어떻게 살아야 할지.

마치 삶의 공식을 꿰뚫고 있는 사람들처럼.

그러다 문득 피드를 좀 더 내려보면
'지금 하지 않으면 늦는다'는 말들이 쏟아진다.

"26세에 연봉 2억 만든 법"
"퇴사 1년 만에 자산 10억"

어엿한 시대의 표어처럼 떠다니지만,
할인 행사보다 조급함을 먼저 파는 표어들.

그렇게 반짝이는 말들 사이
마음은 조용히 반응한다.

'나만 뒤처진 것 같아.'

'이번에 놓치면 끝일지도 몰라.'
'뭔가 해야만 할 것 같아.'

그 감정엔 이름이 있다.

포모(FOMO),
놓칠지도 모른다는 두려움.

하지만 이건 단순한 불안이 아니다.
우리가 얼마나 오래,
얼마나 깊이 상대적 충족이란 세계에
길들여졌는지를 보여주는 징후.

사실 나도 미처 깨닫지 못했다.
비교란 게 얼마나 조용히 스며드는지.

꽤 오래전,
동료와 점심을 먹으러 간 적이 있다.

그날 난 샐러드에 닭가슴살을 주문했다.
나름 괜찮은 선택 같아 기분도 좋았다.

그때였다.
닭가슴살 두 배, 아보카도 추가,

수제 드레싱에
플라스틱 없는 친환경 도시락을 꺼내 들며
옆자리 동료가 말했다.
"요즘 나트륨을 좀 끊고 있어요."

그 순간,
드레싱 포장을 뜯는 내 손끝이
왠지 부끄러웠다.

내 선택엔 바뀐 게 없는데
괜히 내 삶이 한 끗 부족해 보여서.

그때 내 안의 목소리도 조용히 거들었다.
'잘했다고 생각하겠지만
결국, 넌 그냥 시켜 먹은 거잖아.'

그날 이후,
무수히 반복되는 이런 풍경 속에서—

난 점점 내가 원하는 방향이 아닌
남과 나란히 서 보려는 쪽으로
기울어져 갔다.

그렇게 조금씩 비슷해지려 내딛던
그 걸음 속에서,

그리고 남의 시간, 남의 성취, 남의 욕망에
날 꿰맞추는 방식 속에서,
내 안의 고유한 리듬은 조용히 마모되어 갔다.

포모는 교묘하다.

어떨 땐 SNS나 광고 속에서
어떨 땐 친구와의 수다 한마디,
어떨 땐 연말에 열어본 이력서,
어떨 땐 회사 동료의 '승진했대!'라는 메시지.

그 모든 순간에
은근슬쩍 스며들어 소곤거린다.

"다들 어디쯤 갔는데 넌 왜 아직 거기 있어?"

그렇게 포모는 늘 느낌표로 시작해
빠른 불안으로 이어진다.

예전에 번역한
『착한 엄마가 애들을 망친다고요?』를 보면
이런 문장이 나온다.

"우리가 태어난 날,

부모에게 한 권의 빈 책이 주어졌고
그 순간부터 부모, 교사, 친구, 수많은 어른이
우리의 이야기를 대신 써 내려가기 시작했다."

맞다.

남이 대신 써주는
우리의 이야기가 계속될수록
우리 안의 진짜 욕망과
사회적 욕망은 조용히 뒤섞여간다.

그리고 많은 시간이 흐른 후에야
비로소, 우리는 깨닫는다.
살아온 많은 순간들이
진짜 내 욕망이 아니라
어쩌면 사회가 써준 이야기였을지도 모른다는 걸.

결국,
포모가 훔쳐 간 건
놓친 기회들이 아닐지도 모른다.
어쩌면 그건—
내 삶의 소중한 시간들.

내 말 한 줄,
숨 한 칸,

조용히 방향을 묻던 망설임.

누구의 속도도 따르지 않고
빛나지 않아도
내 결을 따라 써 내려갈 수 있었던
지워지지 않을 가능성의 시간들.

그러니 어느 순간 슬며시 되짚게 된다.
'어쩌면 포모는 앞질러 가는 것이 아니라
시간 도둑일지도 모른다.'

쓰지 못한 채 사라지는 시간들을
조용히 훔쳐 가는 시간 도둑.

무언가를 놓쳤다는 감정 아래—
타인의 리듬에 응답하며
나 아닌 이야기로 채우게 한 시간의 흐름.

비교와 속도, 타인의 시선 아래
말없이 스며든 외부의 문장들.

삶 깊이 스민 포모를
조용히 밀어낸다는 건,
결코 쉬운 일이 아니다.

생각보다 오랜 시간,
수많은 순간에 반응해 온 나를
멈춰 세워야 하는 까닭이다.

하지만 나의 속도로 아침을 시작하고
남이 아닌 내가 좋아하는 이유로
선택하는 삶을 이어가다 보면—

박수보다 숨을,
드러남보다 중심을,
증명보다 머무름을
선택해 나가다 보면—

그리고,
그 모든 외부의 말과
거기서 생겨난
내 안의 목소리로부터
독립한 나 자신으로
살아가다 보면—

존재는
고요한 무대 밖에서
나의 시간을,
나의 문장을,
나의 이야기를,
조용히 되찾아간다.

지금이라도
삶을 흔들어라
조용히 중심을 되찾는
그 감각을 향해

속도와 비교에 묶인 삶,
포모라는 시간 도둑.

거기서 중심을 되찾아
내 리듬으로 돌아오는 길.

그렇게 방향을 바꾸는 순간은—
삶에서 가끔, 아주 조용히 찾아온다.

삶에 떠밀려, 세차게 흔들린 뒤
흘러가던 걸음에서
비켜 본, 작고 고요한 틈

그 틈 하나가 우리 자신을 되찾는
첫 단추가 되기도 한다.

몇 해 전 일이다.

머리를 식히러 들른 '더 뮤즈: 드가 to 가우디' 전시.

드가의 붓끝, 마티스의 색감, 고흐의 호흡은
처음 마주한 순간부터
벽면을 타고 내 안으로 스며들었다.
예상대로 그리고 흡족하게.

그건 과장된 무엇이 아닌
조용하지만 깊은 울림이었다.

눈은 그림에, 귀는 음악에,
마음은 문장에 스며드는—
모든 감각이 모이는 전율.

그때였다.

누군가 내 팔을 가볍게 건드렸다.

아직도 감상에서 깨어나지 못한 채,
'고흐는 아닐 테고'를 중얼거리며 돌아본 그 순간—
낯익은 얼굴이, 거기 있었다.

예전 직장에서 함께 일하던 후배였다.

한때는 엑셀 단축키를 예술처럼 쓰고

두 손이 키보드 위에서 쉼 없이 흐르던 회사원.
말보다 빨리 답을 찾아내던
정갈한 차림의 똑부러진 그녀.

그러나 지금은 조금 낯선,
찢어진 청바지에 비니를 눌러쓴
조용한 방랑자의 모습 그 자체.

'무언가, 확실히 달라졌다.'

말을 섞기도 전에 난 그 눈빛에서 뭔가를 감지했다.

보리스 폰 슈메르체크의 『지금이라도 네 삶을 흔들어라』.

평범한 일상을 살던 토끼 한니발은
아내 헬레나의 말에 잃어버린 눈빛을 떠올리고
삶의 진짜 의미를 찾아 떠난다.

"당신, 알아요?
옛날에 당신의 어떤 점이 내 마음에 들었는지?
당신의 반짝이는 눈이었어요.
그런데 거울을 봐요, 한니발.
당신의 반짝이는 눈은 어디로 갔나요?"

삶의 흔들림 끝에 찾게 되는 큰 반짝임,
후배의 눈이, 딱 그랬다.

"저, 다음 달에 세계 일주 떠나요.
남편이랑."

첫인사를 마친 그녀가 담담히 말했다.

그건 여느 자기 계발 목적도
커리어 계획도 아닌—
순도 높은 삶의 전환이었다.

멍하니 커튼 하나 열지 않던 어느 날,
남편이 건넨, 낯선 제안이라고 했다.
"이젠 좀 느려도 괜찮아.
숨 가쁘지 않게, 그렇게 너다운 너와 함께하는 것,
그게 내 삶의 전부야."

그 말은,
조용히 그녀 안을 흔들었고
변화라는 미세한 균열이
삶 어디쯤, 조용히 번져갔다.

그 후 그녀는 회사를 그만두고,
잠시, 아주 긴 여행을 떠났다.

그리고 돌아온 지금,
책을 쓰고 유튜브를 열며

삶의 새 챕터를 살아가고 있었다.

그날,
루프탑 파스타집에서 그녀는 말했다.

"언니, 요즘 전, 시간을 곱씹어요.
그날, 단단한 줄만 알았던 남편이 건넨 말,
그 한마디에, 제가 잊고 살던 무언가가 떠올랐어요."

"바쁘게 살아온 제가 진짜 놓친 건,
아픔보다 저 자신이었다는 걸."

그랬다.

그녀는 무언가를 얻기보다
무언가를 되찾고 있었다.

그건,
질주에서 돌아온 걸음이었다.

늘 이유 없이 뛰고
질문 없이 반응하던 그녀.
그 모습은, 꼭 스프링벅 같았다.

속도는 있었지만 방향은 없던 나날들.

그러나 이제, 그녀는 코끼리처럼 걷고 있었다.
빠르진 않지만 기억과 감각으로
자신만의 길을 따르는 삶.

그건 멈춤이 아니라
진짜 나로 다시 서는 일.

그때, 그녀의 조용한 한마디가
오래도록 남는다.

'삶을 바꾸는 건
진심 한 줄이면 충분할지도 모른다.'

그렇게 삶은 가끔
흔들림 속에서 찾아낸
중심을 울리는 순간으로
달라지기 시작한다.
세상의 속도가 아닌
마음이 허락한 감도로.

나도, 알 것 같았다.
"삶은 가끔, 세게 흔들린 후에야
무게 중심을 되찾을 수 있다."

쿵, 쿵— 탁.
크게 기운 후,
깨달음 속에 중심을
제자리로 되돌리는 그 리듬.
조용히, 아무도 모르게.

그럴 때 다잡아 주는 건
누군가의 진심과 그 너머,
그 안의 울림을 포착해 내는 중심감.

세상이 정해준 리듬에서
내 안의 감도로 옮겨가는—
그 작은 진폭.

그건 무너짐이 아니라
새로운 시작일지도 모른다.

아주 조용하게
나를 중심으로
다시 새로운 서사를 열어가는
존재로서의 첫 출발.

초록 그릇 속
감정의 복원력
디지털 사이
느린 감성 한 조각의 마력

삶이 흔들릴 때
우리는 중심을 되찾는 감각으로
소중한, 놓쳤다고 믿은 것들을
다시 손에 쥐곤 한다.

그런데 어쩌면—
한 번쯤 놓쳤다고 여긴 것들은,
말보다 더 오래
내 안 어딘가에 살아 있었는지도 모른다.

되찾음이란 의식 저편에
되살림이란 감각으로.

그리고 그건—
디지털의 한복판에서도
느린 감성 한 조각으로

오래전 익숙한 공간,

익숙한 음식 하나로도
얼마든 되살릴 수 있는 것일지도.

부슬비가 내리는 어느 오후,
간만에 성가시지 않은 산책 거리를
그저 걷고 싶어졌다.

긴 프로젝트 후,
익숙한 고요에 조용한 위로가 필요한 날.

쏟아지는 알림,
1.5배속 강의,
무한 반복되는 영상들.

디지털 한복판,
듣는 걸 넘어
'디지털 소음의 수거통'이 된 내 귀를
조금은 풀어주고 싶던 날.

다행히 그날의 거리는
아날로그 풍경 속 여백의 소리에
살포시 잠겨 있었다.

'부르릉… 척척척…'
낮고 일정한 엔진음.

젖은 아스팔트를 미끄러지는
타이어 소리.

보도블록에 부딪히는 신발 밑창 소리—
작게, 탁. 탁.

그리고 잠시 후,
네온사인 불빛이
미세하게 깜빡이던 그곳.

소리는 그렇게
멈춰 선 시선 끝,
그 분식집으로 천천히 나를 이끌었다.

그 이름도 풍경도
어딘가 오래된 기억처럼,
익숙하고 정겨운 곳.

'도산 분식'.

그곳은 뭐랄까
복고의 향수가
담백하게 풍겨 나는 공간이었다.

냄비에서 자글자글—

끓는 떡볶이 소리.

주방 안쪽에서 들려오는
철수세미가 스테인리스 그릇에 닿는
쨍— 하는 소리.

그러면서도
복고의 질감 안에 깔린 세련된 조율—
눈에 띄지 않지만 편안한,
낯설지 않게 오래된 감각.

잠시 후 떡볶이가 나왔다.
학창 시절 자주 보던
초록 바탕에 흰 점 무늬,
그 플라스틱 그릇이었다.

익숙한 그릇과 익숙한 냄새,
거기에 딸깍— 하고 열리는
델몬트 병, 물 뚜껑 소리까지.

순간 마음 한쪽에서
아주 잔잔한 파도 하나가 번져갔다.

'바쁘게 산다는 건,
어쩌면 감정을 느낄 여백조차

자꾸만 미뤄두는 일일지도…'

그랬다.

그건 단지 떡볶이가 아니었다.
매점 앞, 친구들과 수다 떨며 먹던 간식.
혼자여도 괜찮던 저녁.
엄마가 데워주던 따끈한 접시.

그 초록 그릇 안엔—
그 시절의 온기,
잊고 지낸 감정,
오래된 나의 한 조각이 고스란히 담겨 있었다.

도산 분식을 나오면서
나는 묘한 기분으로 발걸음을 옮겼다.

과거엔 생각했다.
옛것은 뭔가 퇴행 같고
뒤처지는 것 같다고.

그런데 그곳의 풍경은 달랐다.

예스러운데 후진하진 않는,
아니, 예스러움의 여유는 그대로 간직한 채

오히려 멋스럽기까지 한,

무엇보다도 지금의 삶에 꼭 필요한
여유와 감각을 조용히 일깨워주는 곳이었다.

말하자면 그건,
지금의 감각으로
다시 살아난 선택된 과거.

그저 묻어둔 추억이 아닌
지금을 더 나답게 살게 해주는
또 하나의 방식.

디지털은 빠르다.

하지만 그 빠름은 남보다 빨라야만 안심되는
상대적 충족 위에 서 있을지도 모른다.

누가 더 빠르게 결과를 내는지
누가 더 늦지 않게 반응하는지—

그렇게 속도는 곧 경쟁력이 되고,
우린 초 단위로 자신을 재기 시작한다.

알림음은 바로 그 비교의 신호.

누군가의 호출이자
누군가 먼저 반응했을까 봐
불안하게 만드는 소리.
그래서 자꾸만 서두르게 하는
재촉의 메아리.

하지만 아날로그는 다르다.

그것들은 빠를 필요가 없다.
'지금 이 순간 충분히 존재하는 것',
그 자체가 전부다.

떡볶이 한 접시의 온기,
플라스틱 숟가락에 울리는 작은 소리,
눈을 맞추고 나누는 조용한 대화.

그리고 그 느림은,
어쩌면 비교하지 않아도 충만한
'절대적 충족'에서 올지도 모른다.

더 잘 보이기 위해
달리는 삶이 아니라—
자신의 감각을 잃지 않기 위해
잠시 멈춰 설 줄 아는 삶.

비교하지 않아도
스스로 충분히 충만한 삶.

누군가의 '괜찮아'란 말에
비로소 중심을 되찾고
흔들리던 마음의 온도를
조금씩 되살려 가는 삶.

예스럽되 후진하지 않고
여유롭게 오히려 멋스럽게.

바로 그런 삶에서—
존재의 온도는 조용히 피어오른다.

레트로처럼
잊고 지낸 감각들을
조용히 되살리는 방식으로,
느리지만 제 감도로.
나답게.

머묾을 기준으로 삼는 삶
되찾음과 되살림을 넘어
머묾으로 존재를 다시 쓰다

인생의 격랑 속에서
때때로 우리는 여러 방향을 모색한다.

되찾음―
오랜 지침 끝에,
한 사람의 진심에 힘입어
바쁨 속 지워졌던 나를
스스로 되찾으려는 시도.

되살림―
익숙한 감각 하나로
묻혀 있던 마음을
되살려내려는 시도.

그리고 하나 더, 머묾―
이미 잃은 삶을 되찾거나
되살리는 데 머무르지 않고
존재의 기준 자체를
머묾으로 옮겨보려는 시도.

이 머묾은,
회복을 넘어 삶을 보는 방식을 바꿔 놓는다.

하지만 우리는
너무 쉽게 잊고 산다—
머무는 것도 삶이라는 걸.
머무는 나를 내가 먼저 허락해야
삶이 다시 스며들 수 있다는 걸.

그 자각은—
어느 날 나에게도 찾아왔다.

사실, 오래전부터 신호는 있었다.
처음엔 그냥 피곤해서일 거라 여겼다.
다음엔 스트레스 때문일 거라며 넘겼다.

잦은 어지럼증, 불규칙한 심장박동,
설명할 수 없는 불안.
몸은 오래전부터 조용히
멈추라고 신호를 보내고 있었다.

하지만 나는 늘 이렇게 말하며 달렸다.
"지금은 안 돼. 조금만 더."
그리고 결국,
삶은 나를 생애 처음으로 멈춰 세웠다.

내가 무시한 건
신호가 아니라 '나 자신'이었다.
거울 속 나는—
생기도, 눈빛도, 표정도, 마음도 비어 있었다.

열심히 사는 사람처럼 보였지만,
사실은 '살아낸 것'이 아니라
그저 '버텨낸 것'이었다.

병원 침대 위,
창밖 바람에 흔들리던 나뭇가지가
문득 물어오는 듯했다.
"언제부터니,
널 그렇게 밀어내기 시작한 게?"

그 질문 앞에서
나는 오래 묻어둔 진실을 조용히 꺼냈다.

'일'이라는 이름으로 포장된 압박,
'모범적으로 살아야 한다'는 강박,
'앞서가야 한다'는 조급함.

이 모든 게 나를 천천히 침묵시키고 있었다.

그제야 떠올랐다.

예전엔 그냥 넘겼던, 책 속의 문장 하나.

"일하는 데서만
자신의 가치를 찾는 사람은
일하지 못하게 되면
깊은 상처를 받는다."
— 기시미 이치로, 『나를 위해 일한다는 것』

나는 그 문장의 살아 있는 증인이었다.
일을 멈추자 나도 함께 무너졌다.
문제는 속도가 아니라
그 안에서 잃어버린 중심이었다.

삶에 허락을 구하며
조금씩 내 자리를 내어주던 나날들.

무엇이 수단이고,
무엇이 주인이었는지—
그제야 분명해졌다.

멈춤이 아닌 '진행'만을 기준으로
나를 밀어붙여 온 삶.

어디로 가는지가
곧 '나'가 되어버린 시간들.

그렇게 멈춤은 실패가 되었고,
그 실패를 나는 한 번도 스스로에게
허락한 적이 없었다.

집으로 퇴원하던 날,
처음으로 난—
삶에 허락을 구하지 않고 말했다.

'이젠 멈춤이 기준값이야.
거기가 시작이야.'

그건 선언이 아니라 조용한 수락이었다.
존재를 존재 그 자체로
잠시 머무르게 허락한 일.

속도가 아닌 감도로,
진행이 아닌 중심으로,
그리고 질주가 아닌 멈춤으로
나를 다시 맞이한 순간.

그날 이후 난—
무언가를 '하는 나'가 아니라
그저 '존재하는 나'로
하루를 살아가고 있다.

걷지 않아도 괜찮은 날,
생산적이지 않아도 괜찮은 오후,
의미를 남기지 않아도 괜찮은 시간.

그건 처음으로 나에게 허락한 머묾이었다.

회복이 아닌 삶을 다시 쓰는 출발점.
단지 잠시 멈춘 것이 아니라
그 자리에 뿌리내리는 삶의 방식.

멈춤은, 삶에 걸린 작은 쉼표였다.

회복을 넘어 기준점을 다시 묻는 순간.
앞으로만 흐르던 감각에 남겨진 조용한 물음표.

속도보다 숨이 먼저,
성과보다 중심이 먼저.

그리고 그 모든 느림의 선택들은 결국,
존재를 다시 맞는 가장 정확한 리듬이 되었다.

진행이 기준인 삶에선
속도는 곧 가치가 된다.
앞서야 하고, 멈출 수 없고,

늘 다음 단계만이 정답이 된다.

길은 곧아야 하고,
목표는 높아야 하며,
결과는 빠를수록 좋다고 믿게 된다.

그렇게 사람은 쉽게 수단이 되고,
자신조차 낯설어진다.

하지만 머묾이 기준이 되는 순간,
시간은 적이 아닌 친구가 된다.
속도는 줄어도, 깊이가 생긴다.

실패 같던 후진도,
방황처럼 보이던 횡보도
돌아봄이 되고, 사유의 걸음이 된다.

그렇게 사람은 중심이 되고,
느긋함 속 관계는 자라며,
존재는 그 자체로 충분해진다.

그리고 이처럼 존재의 본질이
도달이 아닌 머무는 자리에 있을 때,

성과 없이도

결과 없이도
이미 온전할 수 있을 때,

지금 이 순간,
내가 있는 곳.
마주한 관계,
깨어 있는 의식의 결로,

존재는—
느리더라도
꺼지지 않는 체온 위에
<u>고요히</u>
뿌리내린다.

멍때리기의 미학

머묾의 시선으로
삶의 본질을 디코딩하다

일을 멈추고
속도에서 중심으로
의미에서 존재로
처음으로 나 자신을 바라보는 일.

그렇게 삶의 기준을
멈춤으로 옮긴다는 건—

더는 증명하지 않아도,
누군가 되지 않아도,
그냥 지금의 나로
괜찮다는 감각에 머무는 일이다.

하지만 그건,
금세 닿을 것 같아도
막상 마음속엔 더디게 머무는 일이다.

특히, 고요를 감당하지 못해
창을 여닫고,

볼륨을 키우고,
알림을 켜는 우리에겐.

그러나 그 고요를 감내했을 때,
머묾은—
삶의 결을 조용히 디코딩하는,
묘미의 순간을 건넨다.

어느 날 새벽,
지방행 무궁화호 열차 안이었다.

객실은 조용했고,
창밖은 아직 어둑어둑했다.

나는 통로 쪽,
같은 이어폰을 나눠 끼고 있던
두 명의 젊은 남녀는 창가 쪽.

우리 모두 창밖을 바라보고 있었다.

잠시 후 열차가 산 근처를 지날 무렵,
창 너머 어둠 사이로
별 무더기가 조용히 쏟아져 내렸다.

그중 한 명이 말했다.

"별명이네."

다른 친구가 피식 웃으며 되받았다.
"근데 멍은 멍인데…
머릿속이 비워지기는커녕,
할 일 목록만 줄줄이 떠오름."

그 말에 나도 슬쩍 떠올렸다.
생각보다 빨리 온 관리비 문자,
읽지 않은 업무 카톡,
수많은 D-1 마감.

둘은 웃었고, 나도 몰래 미소 지었다.

말은 그렇게 했지만—
그날 별에 기대어
잠시 도망쳐온 그들의 여유는,
어쩌면 이런 속삭임을 따라온 걸지도 모른다.

'지금 보이는 게 다는 아니지.
흐름보다 그 사이에 숨은 걸 보자고.'

그리고 그 말은
그동안 슬그머니 외면해 온,
어딘가 낯선 문장 하나를

조용히 꺼내 왔다.

'흐름이라 믿었던 것들,
사실 그건 익숙한 틀에 따라
반복되온 삶이었는지도 모른다.'

그랬다.

그날, 난 불멍을 했고
내 마음은 조용히 익숙한 흐름 너머
낯선 감각을 되찾기 시작했다.

마치 영화 매트릭스 속—
코드 너머
진짜 구조를 보기 시작한 네오처럼.

매끄러운 광고,
좋아요의 홍수,
남보다 잘 살아야 한다는 열망.

비교로 짜인 충족.
타인의 기준으로 설계된 욕망.

그 안에서 나는 그저
그 흐름을 따라 조용히 흘러왔을 뿐.

나를 만든 줄 알았던 모든 건,
사실 세상이 설계한 구조였다는 걸
그제야 서서히 인지하기 시작했다.

그렇게, 머묾이 기준이 된 순간—
조용한 곳에서
사유가 고요히 깨어났다.

'나는 대체,
무엇에 그렇게 쫓기고 있었을까.'
'지금 이 속도,
정말 내가 원하는 흐름이었을까.'

그 흐름을 인식한 순간—
나는 선택의 문 앞에 섰다.

'진실을 마주할 것인가,
아니면 계속 외면할 것인가.'

질문이 시작된 그 자리,
진실을 향한 그 문턱에서—
나는 진실을 마주해보기로 했다.
네오처럼.

정답도 결과도 아닌,

조용한 감각이 선명해지는—
낯설지만 본질적인 자리.

네오가 끝내 도달하고자 했던—
흐름 밖, 설계의 바깥.
진짜 감각이 깨어나는 자리.

그렇게 흘러야만 살아 있는 듯한 날들—
그 흐름에서 나는, 스스로를 걷어냈다.

결국, 내게 별명은—
고요 속 켜진 불빛처럼,
외면하던 거울 속 나를 다시 비춘
감응이었다.

"아침에 면도를 할 때
거울 속 내 얼굴이
난봉꾼처럼 보이는 것을 거부한다."
—피터 드러커, 『21세기 지식경영』

영국 국왕의 부적절한 요구를 거부하고
스스로 대사직을 내려놓던
독일 대사의 그 고백처럼,

'타인의 기대를 따르기보다

자신의 얼굴을 마주 보겠다'는 감응.

그렇게 이제 내 마음의 속도는
언제나—
멈춤의 그 결심에서
다시 켜지곤 한다.

침묵의 한가운데
비로소 나를 켜는
은은한 빛 하나로.

조작된 흐름이 아닌
바로 나라는 존재로,
이제야 감각하기 시작한.

어제보다 나은
나를 향한 질주

누구를 이기기보다
나를 다시 써 내려가는 속도

머묾의 시선에서
삶의 본질을 마주하다 보면,
문득 이런 순간과 마주하게 된다.

'멈춘 자리는, 혹시,
달리는 나와 영영 멀어지는 자리는 아닐까.'

아니, 의외로—
그 반대일지도 모른다.

달려야 한다.
달리되, 다만 그 방향은—
누군가를 넘어서기보다
어제보다 나은 나를 향해 닿는 일.

그리고 그 질주 가운데
삶이 다시 익숙한 열기와 속도로
우리를 끌어당길지라도,

언제든 이런 문장을 떠올려보는 일.

'오늘은 어제보다 단단해졌는가.'

몇 해 전 유난히 무덥던 한여름,
쇼핑몰 주차장.
공기조차 무거웠던 그 공간에
묘한 긴장감이 감돌기 시작했다.

좁은 공간. 한 자리. 두 대의 차.
그리고 부딪힌 감정.

처음엔 서로의 속도가
조금씩 어긋났을 뿐이었다.

그러나 그 어긋남이 말없이 닿은 자리에서
작은 접촉이 시작됐다.

그리고 곧, 그 접촉은—
국산 차 vs 외제 차,
참지 vs 못 참지,
존댓말 vs 반말이라는 이름으로
형체를 달리해 갔다.

"주제 파악 좀 하시지요?"

"뭐요? 늙으려면 곱게 늙으세요."

마치, 우아하게 분노하는 법을 연기해 보이듯—
그들은 단정하고 노련한 말들로
서로를 무너뜨리고 있었다.

그렇게 그 풍경엔
승자도 관객도 없었다.

그날의 장면이
오래도록 기억에 남는다.

서로의 틀 안에서
서로의 존재를 지워가던 사람들.

외제 차냐 국산 차냐는 표면에 불과할 뿐,
진짜 전쟁은 우월감과 불안 사이
언제나 비교의 틀 안에서 벌어진다.

그리고 그날 내 안에 남은 한 문장.

"가난은 통장 잔고가 아니라
마음 잔고가 빈 것일지도."

우리는 자주
비교의 질주 위에 선다.

그리고 그 질주로 얻는 건,
언제 흔들릴지 모를 상대적 우월감 하나.

남이 숟가락을 떨어뜨리면
"덜렁대네."

내가 떨어뜨리면
"이거, 젖어 있었네."

같은 실수인데—
다른 판단의 잣대를
들이미는 자신감.

그러나 입바른 심리학자 선배의 말처럼,
"그게, 귀인 오류다."

맞다, 문제는—
여기서부터 시작됐을지도 모른다.

이 단순한 오류가
삶 전체에 번지기 시작한 날.

타인에게 정확함을 요구하는 대가로
성찰은 까맣게 잊혔다.

상대적 우월감을 부추기는 속도에 빠져
더 깊은 나를 향해 달리는 감각은 놓쳐버렸다.

어느 날 본 영화 <피기>의 '사라'란 인물이 떠오른다.
기준과 외모 속에서 늘 밀려나 있던 존재.
그러나 결국 자기 자신을 직면한 사람.

그녀의 침묵은 복수라기보다
마침내 자신을 자각한 순간이었다.
도덕이 아닌 자기 윤리로 마주한
첫 성찰의 결.

그리고 또 한 사람,
전혀 다른 결의 무라카미 하루키.
매일 새벽 누구보다 먼저 일어나 달리고,
묵묵히 글을 쓰는 사람.

"무라카미 하루키
작가(그리고 러너)
1949~20**
적어도 끝까지 걷지는 않았다."
— 『달리기를 말할 때 내가 하고 싶은 이야기』

그에게 달리기란,
묘비에 남기고 싶다는 저 말처럼—

매일 같은 자리에서
자신을 잃지 않기 위해
다시 써 내려가는 작고 단단한 결심,
바로 성찰이었다.

어릴 땐 성찰이
특별한 사람만의 전유물인 줄 알았다.

깊은 책을 읽거나
긴 침묵을 견디는
어른들의 몫인 줄로만.

하지만 이제는 안다.
성찰은 누구나 할 수 있지만
대부분 할 시간이 없을 뿐이란 걸.

그리고 그건—
마음엔 틈이 많은데도
들여다보기보단
속도만 앞세우는 까닭일지도 모른다.

그렇다.

성찰은 다른 거창한 게 아니다.

남보다 나은 질주에만 몰두하다 지나친 오류를,
그 틈에서 조용히 되짚는 일이다.

그리고 그 성찰의 끝에서
이 질문을 마주해보는 일이다.

"나는 정말 떳떳한가?"
"나는 어제보다 좀 더 나아졌는가?"

그렇게 그 질문 앞에
조금 더 오래 머물 수 있을 때,

존재는
조용히 달릴 수 있다.
누군가를 넘어서는 나보다
어제보다 단단한 나를 향해.

그렇게
나를 다시 써 내려가는
질주이기에
그 어느 때보다 설레는 속도로.

다시 살 수 있다면
나는 나답게 살겠어
상상의 괴로움 너머
나답게 살아내는 용기

남의 속도와 방향을 따라가다
무심히 돌려세운 그 길.

그 자리엔—
남보다 잘난 나보다
어제보다 더 단단한 내가
조용히 서 있다.

그럼에도—
종종 그 길은 비워둔 채
부지런히 속도만 붙잡는 데엔
바쁨 너머의 사정이 있다.

바로, '현실'이라는 무게.

계산되지 않는 불안,
예상치 못한 비용,
누구도 보장해 주지 않는 내일.

그렇게 그 현실 앞에 서면
채워야 할 결핍부터 세어진다.

하지만, 더 깊은 건—
어쩌면 그 현실 너머 도사리고 있는
'상상 속 괴로움'일지도.

한번은 어깨가 결려서
정형외과를 예약한 적이 있다.

예약을 하고 나니
왠지 통증이 더 커지는 기분이었다.

결국 자기 전, 검색창에 손이 갔다.
"어깨 결림 + 왼쪽 + 깊은 통증"

그러나 검색창은 언제나
상상할 수 있는,
가장 나쁜 쪽을 먼저 보여줬다.

심근경색 전조 증상,
폐질환 가능성,
희귀 자가면역질환(자각 증상 거의 없음).

이윽고 장례식 BGM 후보도 고르고,

내친김에 유서 제목까지 정해둔 그날,
<박효신 - 숨>

난 통증보다 상상력으로 잠을 설쳤다.
그리고 다음 날, 병원에서 들은 말.
"근육이 좀 뭉쳤네요.
컴퓨터 오래 하시죠?"

현실의 통증보다 깊은 건
언제나 상상의 괴로움이다.

아직 오지 않은 불안을
내 몫처럼 끌어안고,
이미 지나간 자책을
아직도 벌서듯 안고 사는 일.

하지만 그건, 아픔이라기보다
비교가 만든 허상 속 허기일지도 모른다.

남의 속도를 따라잡느라
내 숨을 놓치고,
남의 기준을 품느라
늘 빈칸이 되어가는 마음.

그리고 그건 너무 흔한,

우리 삶의 방식이기도 하다.

겉으론 열심 같지만
속으론 자꾸 지쳐가고,
허상만 품는 삶 속에서
기쁨조차 퇴색되어 가는 방식.

미국 중동부,
이름 없는 시골 마을에 살던
85세의 나딘 스테어 할머니.

늘 조심조심, 바르게 살아온
그 삶의 끝자락에서
할머니는 이런 글을 남겼다.

"다시 살 수 있다면,
콩을 덜 먹고 아이스크림을 더 많이 먹겠어.
덜 걱정하고, 더 많이 웃고, 더 자주 울겠어.
현실의 문제는 생기겠지만,
상상의 괴로움은 훨씬 적을 거야…."

누구를 설득하려는 것도
위로하려는 것도 아니었던
그저 자신에게 건네는 끄적임.

귀에 닿기보다 마음에 먼저 스며든 그 문장.

그렇게 그 고백은,
『내 영혼을 위한 닭고기 수프』라는 이름 아래
살며시 한 권의 책 속에 실렸다.

사실 할머니의 고백은
그저 자기 자신에게
늦게라도 건네는 작은 약속이었다.

아직 늦지 않았다고,
그러니 살아 있는 동안
조금은 더 숨 쉬듯 살아보자고 속삭이는
그런 작은 다짐.

그런데 그 고백 앞에서
많은 이들의 가슴이 괜히 먹먹해졌다.

그건 그 글이—
후회의 말이 아니라
지금 이 삶을 다시 바라보게 해주는
작은 제안처럼 느껴졌기 때문일지도 모른다.

'무엇을 더 이룰까'가 아닌
'어떻게 나답게 살아볼까'를

처음으로 되짚게 하는 제안.

비난이 아닌 허락으로,
덜 완벽해도 괜찮다는 담백한 제안,

그건 위로였고,
방향이었고,
살아 있는 자에게
남은 시간을 더 따뜻하게 쓰라는
작은 안내문이었다.

그렇다.

현실의 문제는 어쩔 수 없다.
그건 삶이 주는, 불가피한 몫일지도 모른다.

하지만 상상의 문제는—
조금 다르다.

그 상상은
경험에서 오는 게 아니라
비교에서 자란다.

남과의 간격에서 만들어진 불안,
속도에 대한 조급함,

가진 것보다
가지지 못한 것을 더 크게 느끼는 마음.

그 마음이
현실보다 무거운 허상을 만든다.

그리고,
처음엔 흐릿한 걱정이던 그것이
곧, 삶 전체를 가리는
무거운 안개가 된다.

그러니 이제 딱 한 걸음만,
상상이 아닌
지금 삶을 붙드는 쪽으로,
발걸음을 옮겨보면 어떨까.

어쩌면,
그 한 걸음이—

아직 오지 않은 슬픔에
마음이 앞서고
발이 미끄러져
놓치고 있던,

그러나

결코 사라진 적 없이
늘 거기 있던
진짜 '나'의 삶을,

다시 살아볼 기회를
건네줄지도 모른다.

그리고 그렇게—
입꼬리에 맺힌 웃음,
손끝에 닿는 온기,
창문 너머 쏟아지는 햇살 한 줌.

잊고 있던 따뜻함,
사소한 기쁨,
오래된 평온이
다시 시작되는 그 자리에,

존재는
자기만의 빛으로
은은히,
그러나 가장 따뜻하게—
빛난다.

내면의 지평을
넓혀가는 길

나로 살아내며
품을 넓혀가는 교양의 결

어제보다 나은 나,
상상의 괴로움에서 벗어난 나,

이렇게 마음이 정돈되고 나면,
그 마음 위로
존재의 품이
조금씩 넓어지는 길이 있다.

그건,
확고함이라는 이름의
고요한 길.

'나는 나로 살고 있다.'

그 길은 '나'란 존재가
결코 좁거나 단정되지 않은,
유연하고 깊은 품을 가진
고유한 자각의 길.

무엇을 증명할 것도,
누구에게 보여줄 것도 아니지만—

내 안에 차오르는 어떤 결로,
그 삶의 리듬을 조금씩 넓혀가는 길.

책으로만 쌓이는 게 아니라
사람을 더 깊이 보고,
사람 너머의 마음을 더 오래 듣고,
나를 조용히 꺼내어 되묻는 길.

그리고 그것이,
어쩌면 우리가 '교양'이라 부르는 것의
진짜 얼굴일지도 모른다.

우리는 종종 '교양'을—
세상의 트렌드를 따라잡고
앞서 있으려는 태도쯤으로 여긴다.

하지만 쇼펜하우어는 담담히 건넨다.
"우리의 머리는 책을 읽는 동안
타인의 생각이 뛰어노는 놀이터에 불과하다."

정보는 빌릴 수 있어도
지혜는 남이 대신해 줄 수 없다는 말.

이 말은
'성장'을 '성과'로만 믿어 온 우리에게
조용히 되묻는다.

'타인의 언어로 가득 찬 가슴에서
나는 정말,
내 생각을 제대로 길러내고 있는가.'

지식을 아는 것과
스스로 생각하는 건
다른 차원의 일이다.

생각은,
마음 깊은 곳에서
조용히 열리는 감각.

그리고 그건—
내 안의 내적 지평이
은밀히 열리는 순간일지도 모른다.

내적 지평.

낯선 말 같지만,
사실 그건, 누구나 한 번쯤
어디선가 마주했을 법한 감각이다.

이를테면 그 감각은,
어느 날 아침, 문득 스쳐 가듯 찾아온다.

아침에 일어나 거울을 본다.
화장도 안 하고, 눈 밑은 부었고,
입가엔 밤새 누운 자국이 그대로 남아 있다.

예전 같으면
'헉… 이대론 못 나가지"했을 얼굴인데,

이상하게 그냥
잠깐 멍하니 들여다보다가 중얼거린다.
"그래, 지금 이 얼굴도 괜찮아."

그때, 내 안에서 '툭'움직이는 무언가.

그건 단지 외모에 대한 포용 같은 게 아니다.

이 얼굴도 괜찮다는 건,
겉모습 너머를 보겠다는 선언.

나의 푸석함을 수용하며,
타인의 지친 얼굴도
좀 더 이해하게 되는 감수성.

아름다움은 '꾸민 상태'가 아니라

삶을 견뎌온 얼굴의 총합이라는 인식.

그렇게 우리는
화장을 넘어 시선의 기준을 바꾸고,
피붓결을 넘어 사람을 보는 감각을 넓혀간다.

그리고 그건—
자기 삶을 성찰하는 힘.
타인을 다르게 바라보는 감각.
도덕과 세계를 다시 사유하게 하는
지각의 확장일지도 모른다.

그렇다.

내적 지평은
거창한 변화가 아니다.
익숙함에서
조용히 벗어나는 한 걸음.

저마다의 속도로,
자신이 원하던 쪽으로.

어쩌면,
소설가 페터 비에리가 말한 두 개의 시선—

'삶을 스스로 만들어가는 해방감'과
'내면의 지평을 넓히는 경험'.

그 둘도—
이런 조용한 걸음을 뜻하는 것일지도 모른다.

그리고, 그렇게 조용히 걷다 보면—
마음속을 오래 맴돌던
네 가지 중요한 물음과
문득 마주하게 될지도 모른다.

'나는 누구인가'—
규정된 내가 아니라 되묻는 '나'.

'나는 어떻게 살아야 하는가'—
보이는 삶이 아닌 감당할 수 있는 삶.

'무엇이 좋은 삶인가'—
많이 가지는 삶보다 덜 흔들리는 삶.

'나는 어떻게 나아갈 것인가'—
남의 속도가 아닌 내 리듬을 따르는 용기.

이 질문들은 정답을 강요하지 않는다.
다만, 매일 조용히—

스스로에게 건네야 할
살아 있는 물음들.

어떤 흔들림 속에서도
자기답게 살아내는 길을
묵묵히 찾아가게 해주는 물음들.

그리고 그렇게
속도보다 살아 있는 온기로,
성과보다 깨어 있는 성찰로,
외면보다 내면의 맥박으로—

그 물음들을 붙잡고
삶 안쪽의 결을
서서히 넓혀갈 수 있을 때,

존재는
고요히,
그러나
분명히 깃든다.

『개츠비를 지나
나에게로 돌아오는 문장들』
개츠비 부록 #3

달렸지만 멀어진 건 내 안의 목소리였다
조급한 성과 아래 놓쳐버린
자존감의 온도에 대하여

나도 그런 때가 있었다.

빠르게 성취하면
마음도 따라올 거라 믿었던 나날.

남들보다 먼저 도착하면
더 괜찮은 사람인 줄 알았던 시절.

속도가 곧 가치인 줄로.

그래서 내 속도는
늘 조금 앞서 있었다.

무언가를 놓쳐도
그건 잠시 후 돌아보면 된다고—

그땐 그렇게 생각했다.

조던 베이커를 처음 마주했을 때,
나는 문장보다 먼저
어딘가 익숙한 그림자에
걸음을 멈췄다.

겉은 당당하고 매끄러웠지만
어딘가 조급하고 허기진 사람.

그녀는 늘 질주했고, 질문은 뒤로 미뤘다.
그사이 정면 돌파는 능력처럼 여겨졌고,
속임수는 전략처럼 받아들여졌다.

하지만 그 빠른 질주는
자신의 중심을 조금씩 가장자리로 밀어냈다.
속도는 성과를 남겼지만, 성찰은 자리를 잃었다.

"그녀는… 구제할 수 없을 정도로 부정직했다."

닉이 남긴 이 문장은,
조던을 향한 마지막 관찰이자—
그마저 품지 않기로 한 조용한 이별이었다.

그 마음이 낯설지 않았다.

한때 나도, 무언가를 해내야만
나로서 존재할 수 있다고 믿었다.

인정받기 위해 서두르고,
속도를 내기 위해 여유를 버렸다.

그런데 뒤돌아보면 그 모든 속도는
남들보다 앞서기 위해서가 아니라—

내 존재를 애써 붙들기 위한
증명의 몸짓이었다.

성과는 자존감이 되어
무언가를 해내야만
존재하는 것 같았고,
속도는 정체성을 대신하곤 했다.

결국엔 길을 걷고 있지만
발끝은 내 것이 아니었고,
숨은 쉬지만 내 숨결은 느껴지지 않던,
그저 달리기만 하던 시절.

그 시절의 나와 조던은 꽤 닮아 있었다.

하지만 내가 뒤늦게 알게 된 건—

속도에선 들리지 않는
목소리가 있다는 것.

느림만이 알아듣는
마음이 있다는 것.

그래서 가끔은 멈춰야
비로소 들린다는 것.

속도가 삼켜버린
진심의 낮은 음성.
그건, 바로 내 안의 목소리였다.

이제는 나도, 시간도, 말조차도
고요히 머무는 자리에서—

그 목소리를 따라
다시 걷는 법을 배우고 있다.

빠르지 않게, 그러나 분명하게.
누군가의 박수가 아닌
내 숨의 박자에 맞춰서.

무언가를 이뤄내기보다
흔들리지 않는 나로 서기 위해서.

더 잘하려는 마음보다
더 잘 알아차리려는 마음으로.
삶을 밀어붙이기보다
삶을 들여다보는 쪽으로—

내 안의 리듬을
조용히 더듬어가고 있다.

그 시선의 끝에서—
이제야,
속도에 묻혀 사라졌던 나를
다시 묵묵히 불러내는 중이다.

그렇게
존재의 온도는—
빠름이 아니라,
정직한 마주침에서
고요히,
그리고 단단히
피어난다.

Chapter 4

'요행'을 지나 '대응'으로
생각의 격을 높이다

요행을 기다리는 대신
감당 가능한 선택을 쌓는 연습

거창한 내일보다
오늘의 밥솥부터

요행보다
현실을 데우는 감각

유튜브가 이상하다고 느낀 적이 있다.

"잘나가다 망한 썰."
"퇴사 후 인생 바뀐 이야기."
"월급 외 수입 만들기."

언제부턴가 비슷한 영상들이
자꾸 홈 화면에 떴다.

검색한 적도,
좋아요를 누른 적도 없는데.

그러다 문득,
어느 날 스크롤을 하다가
딱 1초쯤 멈춘 게 떠올랐다.

그 1초를 알고리즘은 기억했었나 보다.
그리고 그 후부터

마치 내 속을 들여다보듯
비슷한 영상만 밀어줬다.

순간, 아차 싶었지만—
금세 나는 "에이~ 설마…"하며
그 영상의 댓글을 끝까지 훑었다.

요행은 참 묘하다.

일이 꼬이면 자꾸 '한 방'이 떠오르고,
남의 행운 앞에선 나도 괜히 들썩인다.

어쩌다 마음이 뜨끈해질 때면
슬쩍 올라오는 '한 방'의 기대.

어쩌면 알고리즘도 알던 걸,
나만 모르고 있었을지도 모른다.

'성공은 준비된 자에게 온다'고 했지만
늘, 준비보단 도착을 상상하던 나.

밥솥엔 쌀도 안 넣었는데
김치부터 꺼내고,

내일이 소풍인데

오늘부터 김밥을 싸기 시작하던 나.

지금의 고생길이 열린 건
어쩌면 그때부터였을지도 모른다.

자라면서 들었던 말들이 있다.
"꿈은 크게."
"1등 아니면 의미 없다."

그 말은 용기도 줬지만
지금 이대론 안 된다는 불안도
조용히 심고 갔다.

그렇게 우리는, 먼저 배워갔다.
오늘을 쌓는 법보다
내일을 연기하는 법을.
성실히 이뤄내는 법보다
그럴듯해 보이는 법을.

진짜 성공하는 길보다
성공인 척하는 법을.

그게, 요행의 시작이었다.

그래설까.
언제부턴지 내 마음은
늘 손익부터 따지게 됐다.

'이만큼 버텼으면
뭔가 돌아와야 하는 거 아닌가.'

그리고 그럴 때면 잘도 떠오르는
총량의 법칙 같은 말.

'지금 잃는 만큼 언젠가 채워진다.'

너무 익숙해서
이제는 마음보다 입이 먼저 아는 말.

그 흔한 법칙 끝에서
어느 날 마음 한켠이 슬그머니 속삭였다.

'혹시 그 믿음,
불안을 덮는 파스 같은 건 아니었을까.'

그리고 마주한 물음 하나.

'나는 지금, 뭘 쫓고 있을까—
결과인가, 과정인가?

요행인가, 인생인가?'

그 물음에 슬며시 답을 건넨 영화가
고레에다 히로카즈의 〈태풍이 지나가고〉다.

영화엔 철들기 싫은 남자, 료타가 등장한다.

이혼 후 아들과는 서먹하고,
문학상만 남은 손으론
복권 번호를 더듬으며
현실보다 '한 방'을 꿈꾼다.

그러다 태풍이 오던 밤.
예기치 않게
떨어져 살던 가족과 한 지붕 아래 머문다.

그리고 비바람 속에서
그는 더 이상 외면할 수 없는
'지금'과 마주한다.

무언가를 이루지 못해도
눈앞의 하루에 충실할 수 있단 걸,
그 밤, 료타는 작지만 분명히 느낀다.

요행을 기다리는 사람들은
종종 삶을 미루는 언어를
습관처럼 내뱉는다.

내일의 햇살만 바라보다
오늘의 불빛은 등지고 산다.

잘 살겠다는 말은 남기지만
어떻게 살지는 비워둔 채
조용히, 그러나 무심히
삶을 흘려보낸다.

그렇게 기회도, 여유도, 마음도—
항상 '다음'만 향해 있다.

늘 바쁘다는 말은,
대개 지금을 살지 않는 사람들의 언어다.

헨리 롱펠로는 말했다.
"과거를 애절하게 들여다보지 마라….
현재를 현명하게 살아라….
그리고 어렴풋한 미래는
두려움 없이 맞이하라."

그러니 결국, 우리가 매일 할 수 있는 일은

어제도, 내일도 아닌
어쩌면 지금이란 시간을
조금 더 다정하게 마주해보는 일.

그리고 '언젠가'를 남발하기 전에—
오늘을 살아낼 내 마음부터
먼저 조용히 '출석'시키는 일.

가령, 출석한 마음은
이를 닦고, 고양이 밥을 챙기고,
유튜브를 5분만 보려다 30분 본다.

그렇게 갈팡질팡하면서도
하루 안에서 살아내는 연습을 한다.

출석한 마음은 김밥을 내일 싸기로 하고
밥솥 뚜껑부터 열어본다.

그렇게 삶의 속도를 욕망이 아닌
스스로 세운 기준에 맞춰 진행해 나간다.

결국 그런 마음을 지닌 사람이
결과를 기다리는 대신 하루를 살아낸다.

하루를 묵묵히 데운다는 건

누군가에겐 그저 그런 일상이겠지만,
그 온도로 스스로를 지켜낸 존재는 안다.

위대함은 먼 데 있는 게 아니라
매일을 다정하게 버텨낸 마음에 깃든다는 걸.

조급하지 않고
과장하지 않으며
다만 묵묵히.

그리고 그런 하루가 쌓여
결국, 삶이 된다.

요행의 삶이 아닌
스스로 살아낸 하루하루가,
스스로 꺼뜨리지 않은 불빛이
곧 위대함이 되는 방식으로.

실패 내성 0%
무너짐은 실패가 아니라
대응의 부재에서 온다

'언젠가'란 말 뒤에 숨지 않고
오늘을 살아낸다는 건—
누군가의 부름이 아니라
내 감정에 내가 조용히 응답하는 삶.

곧, 내가 나로 사는 삶이다.

하지만 그런 삶은
얼핏 가장 단순해 보여도
어쩌면 가장 어려운 삶일지도 모른다.

특히,
실패 앞에서 우리가
어떻게 반응해야 할지 모를 땐 더더욱.

광고 대행사 시절,
한 고객사 팀장이 있었다.

단정한 셔츠, 명료한 말투,
정확한 피드백, 빠른 일 처리.

자료는 제때였고, 회의는 편안했고,
커피는 늘, 에스프레소였다.

우리는 그를 '일잘러 끝판왕'이라 불렀다.
물론, 뒤에서— 경외 반, 질투 반.

그랬던 그가, 어느 날 조용히 사라졌다.
정식 사직서도 없이
그렇게, 밑도 끝도 없이.

하나둘 저마다 머릿속에 물음표가 떴고,
곧 집단 추적이 시작됐다.

그리고 하나의 조각으로 이야기가 이어졌다.

몇 년 전, 그는 주식으로 적잖은 수익을 냈다.

하지만 그 성공은—
정리의 끝을 걷던 그도
3억 원의 묻지마 투자로 내몰았다.
결국, 돌아온 건 상장폐지.

이후, 본전 심리까지 가세했다.
절박보다 무력이,
욕심보다 외로움이 그를 삼켰다.

다시, 이번에는 전부를 걸었고,
역사는 또다시 그를 비껴갔다.

문득, 뜨거운 떡볶이를 급히 먹다
입천장만 홀랑 데이던 날이 떠오른다.

인생도 그렇다.

성실하다고, 배고프다고,
모든 걸 한입에 넣을 순 없다.

나도 한때 그걸 몰랐고—
그건 그도 마찬가지였다.
아니, 어쩌면 더.

놀랍게도,
그는 실패한 적이 없는 사람이었다.

성적 좋고, 대학 잘 가고,
일 잘하고, 운 따라주고.

하지만 모든 걸 갖춘 듯한 그에게
가장 중요한 하나가 없었다.

실패에 대한 면역.

슬픔은 영화 속 이야기였고,
위기는 회의 자료에만 존재했다.

그렇게 커다란 자존감만 있고
내성은 제로였던 그가—
처음으로, 예측할 수 없는 현실과 부딪쳤다.

고난은 사람을 살리고,
안락은 사람을 죽인다.
(生於憂患, 死於安樂 — 맹자).

실패는 누구에게나 오고
그 실패는 사람을 만든다.

하지만 그 실패에 대해
어떤 이는 되돌림표처럼 다시 시작하고,
어떤 이는 마침표처럼 멈춰버린다.

그는 후자였다.

어쩌면 그가 무너진 건
실패 때문이 아니라
그 실패에 어떻게 대응해야 할지
준비되지 않았기 때문일지도 모른다.

재기보다 재몰락 쪽으로 굴러간 사람.

높은 자존감으로
넘어진다는 상상 없이 달려온 만큼,
낙차(落差)는 깊었다.

무너짐은 실패 그 자체에서 오지 않는다.

넘어질 걸 몰라서
넘어질 때마다 세상이 무너지는 아이처럼.
머리로는 다 아는데
마음은 아직 벗을 준비가 안 된 어른처럼.

실패를 받아낼 감각이 없던 시절,
예고에 없던 퇴사 결정.
예금 만기일은 지났고,
냉장고에 반찬은 없는데—

갑자기 '오늘부터 집밥 먹어야겠다'는
선언부터 한, 나처럼.

그럴 때, 낙차는 더 깊고 더 아프다.

'한 방'을 기대하는 요행의 마음과
'하루씩' 준비해 보는 대응의 감각은 세트다.

누구나 봄날을 기대하지만—
그럴 땐 늘 천천히 머무르는 일도
함께 연습해야 할지도 모른다.

낮게 넘어지고,
조금씩 일어나고,
자기 속도로 다시 걷는 일.

어쩌면 그게,
우리가 존재로서
실패를 견딜 내성 끝에
조용히 봄을 부르는 방식일지도.

"그리움들이 얼마나 눈처럼 내려야
그 봄날이 올까."
BTS – <봄날>

유한함을
선택할 줄 아는 용기

88개의 건반 위,
나만의 삶을 연주하다

낮게 넘어지고
다시 일어나며
내성으로 견디는 연습.

이렇게 '봄'을 부르는 연습을 이어갈 때,
요행의 마음엔
어느새 대응의 감각이
하나둘 자연스레 싹튼다.

하지만—
그 대응이란 감각이
늘 순조롭게 뿌리내려 주진 않는다.

그건 요즘이—
모든 게 가능한 무한의 시대,
하지 않음마저 선택이 된 시대,
무엇을 '하지 않을지'조차 쉽지 않은 나날,

그런, 버거운 시대라서다.

그 흐름 속에 멈춰 선 '나란 쉼표',
무한 속에 작게 저항하는 '내 숨'.

그 끝없는 가능이 가끔씩 우리를 삼킨다.

그래서,
이따금 내 안엔—
이런 질문이 피어오른다.
"과연, 모든 가능성은 축복인 걸까?"

그 물음이 고개를 들 때면,
문득 기억의 스크린에
재생되는 장면이 하나 있다.

조용한 피아노, 떠나지 못한 사람,
그리고 88개의 건반.

바로, 영화 〈피아니스트의 전설〉 속
나인틴 헌드레드 이야기다.

그는 세상으로 나갈 수많은 기회를 거절하고
끝내 유람선 안에서 생을 마친다.

평생을 '배'라는 무대 위에서 연주하며 살아간 사람.
그런 그를, 누군가는 안타깝게 바라본다.

"왜 땅을 밟지 않았을까?"
"왜 그렇게 좁은 세계에 스스로를 가뒀을까?"

하지만 그의 마지막 독백은 달랐다.
"피아노를 생각해 봐.
건반은 88개. 유한하지.
근데 그걸로 만드는 음악은 무한하지.
난 그게 좋아.
그거면 살 수 있어."

그런데 그건 그만의 이야기는 아니다.

우리의, 그리고, 며칠 전 내가 본
한 아이의 이야기이기도 하다.

고기 굽는 냄새가 자욱하던 식당 한켠.
옆 테이블, 고기를 굽고 있던 한 가족.
그리고 그 아이.

부모는 아이에게 열심히 고기를 권했고,
아이는 그때마다 정색을 하며 말했다.
"나 고기 싫어!"

잠시 정적이 흘렀다.

이후, 아이는 말없이
감자샐러드와 방울토마토를 담아 와
혼자 식사를 이어갔다.

그 접시 사이로
부모님이 잘라 놓은 고기도
살짝씩 수저에 얹으면서.

그 표정이 무척이나 편안해 보였다.

나는 고기를 한 점 씹다 말고
그 아이의 접시 위에 놓인
방울토마토 두 알을 바라봤다.

'눈앞의 넘침 속에 꼭 필요한 걸 골랐구나.'

나인틴 헌드레드도 마찬가지였을지 모른다.

그가 거절한 건 세상이 아니었다.
어쩌면 그건, 감당할 수 없는 속도로
살아가야 하는 삶.

그리고 그에게 무한한 자유는—

음표가 아닌 소음.

무한한 기회 앞에 옳은 선택만 하는 사람은 없다.

하지만 자신에게 맞는 건반을
고를 줄 아는 사람은 있다.

그런 사람은 그 기회 앞에
'도망'이 아니라 '기준'을 세운다.

그리고 삶의 중요한 순간에 스스로 묻는다.
'모든 별을 품기보다—
하나의 따뜻한 행복이면 되지 않을까.'

"마음속의 풀리지 않는
모든 문제들에 대해 인내를 가지라…
삶이… 해답을 가져다줄 테니까."
— 라이너 마리아 릴케,
『젊은 시인에게 보내는 편지』

무한을 꿈꾸던 손길을
자연스레 멈출 줄 아는 건,
뒤로 물러나는 게 아니라
삶을 고르는 안목일지도 모른다.

꽃은 스러짐을 품을 때
비로소 하나의 계절로 완성되고,
바다는 물러날 여운을 머금을 때
그 깊이를 다한다.

그렇기에,
남김없이 태워
더 환하게 사라지는 불처럼—

그렇게 언젠가를 안고
지금을 온전히 살아갈 때,

그 유한함 속에서
비로소 영원을 배워갈 때,

존재의 온도는
모자람이 아니라
스스로 고른 소소한 넉넉함을 품으며
담담히,
그러나 분명히,
빛난다.

감당할 수 있는 선택이
삶의 품격을 쌓아간다
요행이 아닌
스스로 납득한 무게를 품는 용기

무한을 꿈꾸던 손길을 멈추고
유한함을 선택한다는 건,
모자람이 아닌
스스로 고른 넉넉함으로
살아내는 일이다.

그리고 그건,
이제 그 선택을 어떻게 품고 살아갈지를
스스로 정하겠다는 말.

곧, 감당(甘棠)이다.

그러나 감당에는 때때로 어떤 잃음—
'기회비용'이 따라온다.

그래서 '감수한다'는 건,
손해가 아니라 스스로 납득한 선택.

포기한 숫자가 아니라
감당하며 품기로 한 나만의 기준.

그리고 그 기준은—
진정으로 나를 나로 살게 하는
'절제의 기술'일지도 모른다.

요즘 자주 듣는 말이 있다.
"계좌 녹는다."
"떡상 가즈아."
"빚투 레버리지, 몰빵 가자!"

뭔가 한 방에
확 바뀐 장면을 기다리는 말들.

하지만 진짜 인생은
그렇게 오지 않는다.

마크 맨슨은 말했다.
"어디로 가든,
그곳엔 200kg짜리 똥 덩어리가 기다리고 있다.
중요한 건…
기꺼이 받아들일 수 있는
똥 덩어리를 찾는 것이다."

마크 멘슨의 문장처럼,
그건 무언가를 얻기보다
무언가를 기꺼이 포기하는 일.

지금, 감당할 수 있는 무게를 고르며
매일의 삶을 조금씩
대응으로 조율해 가는 일.

그리고,
스스로의 기준 위에서
가만히 묻는 일.

"지금 감당하려는 이 무게는,
정말 내게 가치가 있는가."

아직도 기억난다.

이 책을 권한 내게 지인들이 남긴 말들.

"맞말이긴 한데 왜 이렇게 거시기하게 와닿냐."
"그래서 난 지금 내 똥 덩어리랑 동거 중."
"결국 똥 없는 데는 없고
감당 가능한 똥을 고르는 거지 뭐."

그 말들엔 마크 맨슨의 문장보다 더 진한

삶의 체감이 녹아 있었다.

언제나 등 뒤에
지고 갈 무게를 선택해야 할
바로 그 체감—

꿈을 품을수록
현실의 안락은 그늘지고,
사랑에 머무를수록
자유의 날개는 짧아진다.

높이 오를수록
시간의 여유는 좁아지고,
쉼이 길어질수록
야망은 속절없이 녹는다.

모험에 발을 디딜수록
안온함은 뒷걸음치고,
편안한 둥지에 머물수록
성장의 문은 닫힌다.

그렇다.

삶은 무수한 가능성 속에
감당할 수 있는 하나를 선택하는 용기로 시작되고,

그렇게 선택한 무게를
끝까지 품는 태도로 완성된다.

유명해지고 싶다면 그만큼의 속박도
감당할 수 있는 용기.

자유를 지키고 싶다면 주목받는 삶도
포기할 수 있는 용기.

더러움을 두려워하지 않고,
현실을 지나치거나
외면하지도 않는 그 마음으로.

그게 바로 '대응'이다.

대응은 무미건조하거나 수동적인
반응이 아니다.

남들이 기대하는 인생을 좇기보다
내 기준, 내 리듬으로
하루를 세밀히 편곡하는 힘.

빠르게 고르기보다—
오래 감당할 수 있는 걸
묵묵히 받아들이는 마음.

그리고 그렇게
모든 걸 가질 수 없음을 수용하고,
포기 못 하는 마음 하나를 인정할 때—
선택은 비로소 선명해진다.

이처럼, 삶은—
스스로 납득한 무게를 품는
용기에서 비로소 숨을 틔운다.

그리고 그 무게를
오롯이 감당해 나갈 때,

어떤 힘겨운 순간에도
이런 감당의 시간이
자기만의 감각과
삶의 무늬로 이어질 때,

존재의 숨결은
조용히,
그러나 단단히
맥박친다.

셰에라자드처럼
선제 대응하는 삶
관성을 거슬러 담담히,
먼저 움직이는 태도

모든 게 가능한 무한의 시대,
그 안에서 유한함을 택하며
스스로 납득한 무게를 품는 일은,

나란 존재의 숨결을 느끼는
가장 단단한 방식이다.

하지만 그 길엔—
때때로 그 선택 자체를
망설이게 하는 걸림돌이 있다.

바로, 관성의 법칙.

"내 의지와 무관하게,
계속 그렇게 굴러가려는 힘."

그래서 그 힘이 클 경우,
'끝까지 감당하겠노라' 택한 삶조차—

여지없이 흔들리게 된다.

왠지 내 선택 하나론
꿈쩍도 안 할 것만 같은, 세상의 관성.

그 관성으로 무력감이 싹트고,
계획이 의미를 잃는 시대엔
예측은 무너지고 변수만 남는다.

주저하게 되고, 늦추게 되고,
결국 문이 닫히고 나서야 두드리게 된다.

기회든. 관계든. 감정이든.

그래서 그럴 땐—

스스로 납득한 감당을 믿고,
관성 위에 쌓인 무력감을 넘어
'늦지 않은 대응'에 나서는 게
삶의 전환점이 되기도 한다.

단단히 몸에 밴 태도 하나.

보이지 않는 파도를 먼저 읽고
바람이 불기 전, 돛을 여는 마음.

흐름이 바뀌기 전 낌새를 감지하고
미리 단단히 방향을 세우는 마음.

바로, '선제 대응'이다.

그런 태도 앞에서
오래전, 한 사람이 떠오른다.

그 이름, 셰에라자드.

『천일야화』속 그녀는
왕의 칼이 목을 겨눌 때도
도망치지 않았다.

죽음이라는 예정된 결말,
움직이지 않을 것만 같던 흐름 앞에서
그녀가 택한 건—

그 결말이 닫히기 전에
그것을 비틀 수 있을 만큼
조용하고도 민첩한 대응.

가장 짜릿한 순간에 말을 멈추고,
이야기를 다음 날로 넘기며
왕은 기다릴 수밖에 없게 만드는 일.

그래서 그 기다림이
하루씩, 삶을 이어주는 여백이 되게 하는 일.

그게 바로, 그녀의 선제 대응이었다.

그렇게 매일 밤,
왕이 끊을 수 없도록
먼저 풀어 놓은 그녀의 이야기는—

마침내, 사랑이 되고 삶이 되었다.

그런 관성을 조용히 돌파한 건,
비단 셰에라자드만이 아니었다.

우리 주변에도 그녀처럼,
앞날을 예단할 수 없는 흐름 속에서
미리 가능성을 짚고,
작은 조짐에도 방향을 틀 줄 아는 이들이 있다.

며칠 전 동네 조용한 카페.
옆자리 커플의 대화에 귀가 쏠렸다.

조금 지친 얼굴의 남자,
그를 여자가 그윽이 지켜보고 있었다.

여자: 요즘은… 어때? 학원.

남자: 바빠.
칼 잡는 시간보다 뒷정리가 더 많아.
근데 그게 또 신기하게 재밌어.
전생에 요리사였나 봄.

여자: (입꼬리를 살짝 비틀며)
툴툴대도 잘하고 있네.
근데 제법 잘 나가는 양반이, 욕심도 많아.

남자: 요즘은…
평생직장이란 게 없잖아.
그냥, 언젠간 내 이름 걸고 해보려고.
지금은, 그 준비.

여자: 오… 너 좀 짱인듯.

남자: (슬쩍 웃으며)
언젠간… 심야식당 주인처럼 살고 싶어.
낮엔 쉬고, 밤엔 일하며,
내가 정한 리듬으로 사는 거.

평범한 젊은 남녀의 대화,
하지만 그 속엔
작은 결심 하나가 숨어 있었다.

흔한 말들 사이로,
아직 오지 않은 삶의 틈을
조용히 짚어두는
남자의 선제 대응.

셰에라자드처럼, 그 남자처럼—
선제 대응이라는 같은 철학 위에 있던
또 하나의 오래된 이야기가 있다.

기원전 6세기, 춘추전국시대에 쓰인 『손자병법』.

그 병서에서 손자는 말한다.
"이기는 군대는,
미리 승리를 확정해 놓고
그 승리를 확인하러 간다."
(勝兵先勝而後求戰,
敗兵先戰而後求勝).

손자가 말한 이기는 군대는,
준비로, 정보로, 전략으로
적의 마음을 꺾고 형세를 쥔다.

반면에 지는 군대는—
전투부터 벌인 후에야 방법을 찾는다.

요컨대 이기는 군대에 전투란
그저 승리를 확인하는 의식일 뿐.

이처럼 싸우지 않고 이기는 법은—
화려한 칼춤이 아니라
차가운 계산, 철저한 대비,
그리고 한발 앞선 대응이다.

우리는 다급한 마음에
요행을 구하곤 한다.
하지만 사실,
그건 지는 싸움이다.

이기는 삶은 먼저 생각하고
먼저 준비하는 데서 시작된다.

주어진 흐름에 잠식되기보다—
먼저 움직이고,
먼저 꺼내고,
먼저 나아간다.

결과를 기다리기보다—
내 기준을 먼저 꺼낸다.

그렇게 의지를 삼키는 관성 앞에서도
셰에라자드처럼,
위기 탈출의 남자처럼,
손자처럼,
꺼내어 건넨 그 준비된 태도는—

스스로 납득한 감당을 믿고,
관성 위에 쌓인 무력감을 넘어
흔들림 없이 조용히 나아가게 해준다.

단지 흐름에 떠밀리지 않고,
먼저 읽어낸 결로
리듬을 앞세우게 해준다.

그리고
그렇게 매일의 나아감과 리듬을 쌓아갈 때,

존재는
불확실한 나날 속에서도
담담히,
그리고 단단하게
자기만의 이야기를
써 내려간다.

凡人,
고유한 아무나가 되는 기술

정답이 사라진 시대,
고유함으로 살아남기

보이지 않는 거대한 관성의 파도,
그 흐름을 먼저 읽고
바람이 불기 전,
돛을 여는 태도는—

위기 앞에서도
내 결을 이어가게 하는
가장 조용한 힘이 된다.

하지만 지금 우리가 사는 시대는
예측 불가능을 넘어
정답 부재의 시대.

닮아 있지만,
본질은 같은 이런
'기준 해체'와 '불확실성'의 시대엔—

어쩌면 정답보다

'고유한 결로 나를 증명하는 힘'이
더 간절히 요구될지 모른다.

바로, '자기 기준'이다.

언젠가 방송에서
장래 희망을 묻는 아이의 질문에
이효리가 이렇게 말하는 걸 봤다.

"뭘 훌륭한 사람이 돼? 그냥 아무나 돼."

처음엔 그냥 웃었다.
그런데 자꾸만 묘한 여운이 남았다.

그리고 이제 그 말은 이렇게 들린다.

"뭘, '남들 눈에' 훌륭한 사람이 돼?
그냥, '남들 눈엔' 아무나 되면 돼."

'옳다'는 기준이 흐릿해진 시대.

'아무나 돼라'는 그 말은
사실, 그 어느 때보다—
지금 우리에게 필요한 태도일지도 모른다.

지금이야말로—
무작정 남이 정한 훌륭함보다
스스로 살아낼 고유함을 갖춰야
살아남을 수 있는 시대이기 때문이다.

사실 '아무나'와 훌륭하다는 말은
어울릴 수 있는 결이 아니었다.

스펙, 지능, 빠른 정답,
그게 가치였던 시대—
아무나는 기회 밖에 있었고
훌륭함만이 살아남는 자리였다.

그런데 과연, 지금도 그럴까.
아니, 이제는 아닐지도 모른다.

그 시대가 자랑하던 능력들은—
이제 하나둘 기계에 넘어가고 있다.
그것도 빠르게, 정확하게, 우월하게,

가장 우리 삶에 깊숙이 들어온
AI들만 봐도
그 뛰어난 논리력에, 정리력에, 설명력에
말은 멎고, 마음은 묻게 된다.

'과연 지금, 우리에게 필요한 건 무얼까.'

그런데 의외로—
정답은 멀리 있지 않았다.

그리고 그걸 난,
우연히도 아주 사소한 순간,
편의점에서 마주했다.

그날 난 편의점에서
커피랑 샌드위치를 사고 있었다.

막 계산하려던 찰나,
카운터 너머의 알바생이
작게 웃으며 말했다.

"지금 1+1이거든요. 하나 더 가져오세요."

나는 손에 든 걸 보며 말했다.
"아뇨 괜찮아요, 하나면 돼요."

그렇게 결제를 마치고 돌아섰는데—
순간 내려다본 봉투엔
샌드위치가 두 개 들어 있었다.

놀라서 돌아보자 그가 피식 웃었다.

문득 나도 언젠가 그 샌드위치를 사 들고
부모님을 뵈러 갔던 날이 떠올랐다.

그날따라 엄마는 안 계셨고,
아빠는 식탁에 혼자 앉아
아침에 남은 국을 데워 드시고 있었다.

그때—
처음으로 그동안 보지 못한
앙상해진 손목,
자글자글해진 손등이 눈에 들어왔다.

식어가는 국물보다 먼저 식어버린 세월이
그 손등 위에 고여 있었다.

인기척에 고개를 돌린 아빠가
허둥지둥 국자를 내려놨지만—
그런 아빠를 향해 난 환하게 미소 지었다.

그랬다.

그 알바생의 웃음이 모든 걸 말해주고 있었다.

그건 단순한 프로모션이 아니라—
한 사람의 고단함을

가만히 살피던 섬세한 배려였단 걸.

그 순간, 깨달았다.

아무리 AI가 계산을 잘해도
지친 얼굴에 샌드위치 하나를
살며시 얹어줄 수 있는 건—
아직 사람뿐이란 걸.

정답이 사라진 세상에서
가장 필요한 감각은—
어쩌면 계산에 없는 것을 감지하고
기준 없이도 움직일 수 있는
이런 마음일지도 모른다.

누가 시킨 것도 득이 되는 것도 아닌데
'그냥 마음이 가서' 하는 행동.

그것이야말로,
기계가 흉내 낼 수 없는
인간만의 고유함일지도 모른다.

AI는 수억 개의 데이터를 참고해도
누군가의 '괜찮아요'가

정말 괜찮은지는 구분하지 못한다.

하지만 인간은
그 말끝의 숨, 눈빛, 망설임에서
진심을 알아챈다.

그리고 그 작은 감지를 따라
무언가를 포기하거나
가만히 감싸안을 수 있다.

그것이 바로,
인간만이 만드는 고유한 '인간미'다.

그 고유한 인간미 덕분에
AI조차 만들어질 수 있었다.

계산이 아닌 감정,
정답이 아닌 상상,
속도가 아닌 머뭇거림.
그 모든 '인간미'가 창조의 어머니였다.

그리고 AI는 지금도
그 어머니의 언어로 말하며
그 감각을 따라잡으려 애쓰고 있다.

스티브 잡스는 말했다.
"애플의 DNA는 기술이 아니라
기술과 인문학의 교차점에 있다."

기술만으로는
가슴 뛰는 무언가가 태어나지 않는다.

슬픔이 찾아오는 타이밍,
같은 장면을 달리 느끼는 눈,
아무 이득 없어도 건네는 마음.

실패에 머물며 깊어지는 기질.
말하지 않아도 전해지는 눈빛.

그렇게 어떤 순간에도
'스스로 길을 만드는 존재'는 오직 인간뿐이다.

그 고유함이 바로 창조의 뿌리,
AI가 흉내 낼 수 없는 미래의 자질일지도 모른다.

그래서 이 변화의 끝자락에서
가끔 난 가만히 되새기곤 한다.

'어쩌면 상대적 충족을 좇던 시대도
이젠 끝났을지 모른다.'

'남 눈에 훌륭한 사람이 되려 했던 시간도.'

'그리고 지금은—
자기 길을 세워가는 절대적 충족 속에서
그런 고유한 인간미를 품은 '아무나'가
더 요구되는 시대일지도 모른다.'

그렇게 남이 아닌 어제의 나를 넘어서는 아무나.
남의 정답 대신 자기 감각으로 묻는 아무나.

바로 그런 아무나로 살아낼 때—

존재는
고유한 시선과 감각으로
정답 대신 자신만의 격을 세우며,
은은히,
그리고 흔들림 없이
빛난다.

잃는 것들을 품는 삶
비워낸 자리에서
완성되는 대응의 미학

정답이 사라진 시대,
바깥 기준은 쉽게 무너지고
남이 만든 답이 아닌
내가 세운 기준이 필요한 시대,

그 기준, 곧 고유함만 있으면
흐름이 바뀌어도 방향을 잃지 않는다.

하지만—
아무리 고유함이 있어도
무너질 순간은 온다.

그건 삶이 애초에 품고 있는
채워지지 않는 틈과
예기치 못한 변화 때문일지도 모른다.

사람 하나의 부재,
뜻밖의 실패,
돌이킬 수 없는 상실 같은 틈과 변화.

그러니 삶은,
어쩌면 채워짐보다 비어 있음이 먼저인 자리.
누군가는 떠나 있고
어떤 건 끝나 있는 자리.

그 빈자리가—
기본값일지도 모른다.

그래서 때로는,
지키는 힘보다 놓아주는 힘이,
버티는 태도보다 받아들이는 태도가
더 깊은 대응이 된다.

내게는 똑 부러진 친언니가 하나 있다.

어릴 적 나는 그런 언니가 좋으면서도
부드러움보다 앞선 그 단단함에
가끔은 슬쩍 마음을 닫곤 했다.

그래도 그렇게 토라졌다가도
밤이 되면 언니 방문 앞을
소리 없이 서성였다.

그러던 어느 날,
언니는 유학을 떠나

먼 나라로 가게 됐고,

그 빈방의 공기와
낡은 책상 위 언니의 자국들을
나는, 오래도록 혼자 붙들었다.

어린 나에게 그건—
결핍이었고, 불완전함이었다.

한국을 방문하기 전,
함께할 날들을 세기도 전에
미리 닫힐 공항 문을 떠올리며
혼자 눈물을 삼킬 만큼.

미소 띤 배웅 속에서도
공항 문이 닫히고 나면,
돌아오는 차 안에서
매번 고개를 떨굴 만큼.

그리고 툭하면 이렇게 물을 만큼,
왜 비워져야 했는지, 왜 채워지지 않는지.

하지만 사춘기를 지나며
그 빈자리에 질문이 머물고
조금씩 깨달음이 피어났다.

'삶은 원래 조금씩 비어 있다는 걸,
사람 하나쯤은 늘 떠나게 된다는 걸.'

그리고 이제 어른인 나는 안다.

떠나보내는 건 사라지게 하는 게 아니라
결국 내 안의 빈자리를 조금씩 더 품고
살아가는 일이라는 걸.

그래서 우리는 조금씩 비어 있는 존재로
조금씩 채워지며 산다는 걸.

그리고 삶이란—
어쩌면 처음부터 가진 것을 늘리기보다
잃어도 괜찮은 마음을 키워가는 일이란 걸.

우리는 너무 오래
'가짐'을 기본값이라 믿으며 살아왔다.

빛나는 이름, 손에 쥔 것들,
잃지 않으려 움켜쥔 그 모든 것.

그 무게로 나를 재고
숫자로 나를 채우는 삶.

하지만,
가진 만큼 존재한다고 믿는 그 삶은—
요행을 키우고,
결핍을 좌절로 되돌린다.

그래서, 그 깨달음의 끝에서—
나는 조금씩 이렇게 살아보기로 했다.

무언가를 자주 잃던 나—
지갑 속 버스카드를 잃기도 하고,
손에 든 걸 금세 놓쳐버리기도 했다.

예전엔 상심했지만 이젠 웃는다.
그리고 그 빈 주머니를 쓰다듬으며 속삭인다.

'뭔가를 잃어버리긴 했지만
덕분에 손은 가벼워지고
주머니는 덜 무겁다.'

손끝이 비듯, 곁이 비기도 했다.
멀리 떠난 혹은 조용히 멀어진 인연들.
한때는 하루처럼 곁에 있던 이름이
어느새 나를 잊는 채 멀어져갔다.

예전엔 씁쓸했지만

이제는 그 이름을 천천히 흘려보낸다.

붙잡지도 따지지도 않고,
그저 가만히 내 안을 스쳐 가게 둔다.
그러면 그 빈자리에
또 다른 얼굴이 찾아온다.

그렇게 낡은 자리는 새 이야기에 덮이고
나는 그 틈에서 조금씩 배운다.

'아, 잃어도 괜찮구나.'

그렇다.

손끝이 빈, 자리엔
바람이 들어온다.

그 빈틈에 스며든 바람은
내 어깨를 밀고 내 등을 밀어
다시 나를 걷게 한다.

그러니 대응의 가장 깊은 결은—
준비된 태도와 고유한 감각을 넘어
어쩌면 비워냄에서 비로소
완성되는 것일지도 모른다.

그리고 그렇게 언제고 불어닥칠지 모를
요행의 바람 앞에서
잃을까 봐 움켜쥐던 것들을
일부러 하나씩 내려놓을 때,

무엇을 쥘지보다
무엇을 놓을지를 선택하며
대응의 그 마지막 심지를
덜어냄에 닿게 할 때,

존재는—
그 고요한 틈새에서
주저함 없이,
비움으로 완성된 힘으로
다시 더 단단히 걸어간다.

『개츠비를 지나
나에게로 돌아오는 문장들』
개츠비 부록 #4

이상(理想)의 끝,
현실의 문턱
요행을 넘어서야 만나는
삶의 온도

한동안은 그런 생각을 했다.

내가 아닌 삶을 걸치면
내 몫이 아닌 것을 쉽게 얻을 수 있을까.

조금 더 그럴듯한 배경,
더 능숙한 말투,
더 매끄러운 자리.

그걸 잘 걸치면
원래 내 것이 아니었던 세계에도
발을 디뎌볼 수 있을 거라 믿었던 시간들.

그때는 몰랐다.

그게 요행이었다는 걸.
내 힘으로 쌓지 않은 걸
얻으려던 착각이었다는 걸.

머틀을 보며
그때의 내가 떠올랐다.

크림색 시폰 드레스를 입고,
자기 현실을 지운 채
다른 껍질을 덧입은 사람.

그건 단순한 차림이 아니었다.
욕망의 의식, 요행이라는 이름의 착각.

요행이란,
근사한 누군가가 된 듯 굴면서도
끝내 누구로도 살지 못하는 마음이다.

남의 삶을 흉내 내고, 남의 말투를 빌리고,
남의 눈빛에서 자기 존재를 확인하려는 조용한 사투.

그날 그녀는,
자신이 속하지 않은 세계의 사람처럼 행동했다.

눈빛도, 자세도, 숨결도 달라져 있었다.

그 욕망은 사랑이 아니라 계단이었다.
누군가를 딛고 올라서려던 시선.
있는 그대로 사랑받기보단
사랑받을 자격을 먼저 증명하려던 마음.

톰은 그녀에게 손잡이였고,
그 손잡이를 통해
다른 세상에 들어갈 수 있을 거라
머틀은 믿었다.

그러나 그 계단은, 그녀를 받아주지 않았다.
오히려 더 깊이, 존재의 중심에서 멀어지게 했다.
그 사이 기분에 맞추는 기술만 남고,
자기 목소리는 점점 사라졌다.

끝내, 그녀는 닿고 싶던 세계를 닮은 차에
그대로 부서졌다.

낯설지 않았다.
나 역시 발을 디딘 길이기에.

나도 내 안의 허기를 감추려고
빈손으로도 괜찮을 거라 믿으며

애써 준비하지 않은 날들이 있었다.

어디선가 기적이 찾아와
나를 구해주길 바랐고,
내가 비워둔 자리를
우연이 대신 채워주길 바랐다.

노력은 멀고 바람만 가까운 밤들 속에서
내가 채우지 못한 갈증을
뜻밖의 무언가가 메워주길 바랐던 나날들.

기도 같지도 않은 바람,
달콤한 착각에 기대어
책임 없는 구원만을 갈망하던 나날들.

나도 머틀처럼 어떤 손잡이를 붙들고 있었다.
내가 딛지 않은 계단,
누가 닦아둔 기준,
남이 정의한 괜찮음.

그게 정말로 날 데려갈 거라 믿었지만,
결국 아무 데도 닿지 않았다.

그 요행은 늘 나를 비켜갔고,
그 자리에 남는 건
스스로 외면한 허기뿐이었다.

결국 그 허기의 맨 끝, 그 가벼운 벼랑에서
비로소 깨달았다.

기다리던 구원은 끝내 오지 않는다는 걸.

필요했던 건
남이 닦아둔 계단이 아니라
내 발로 딛는 길이었단 걸.

가장 가까웠던 내가
실은 가장 늦게 돌아온
가엾은 구원자였다는 걸.

이제는 무대 뒤편,
불 꺼진 객석,
텅 빈 조명 아래서
나는 작고 느린 회복의
징검다리를 조용히 걷고 있다.

욕망으로 타오르기보다
감당해 낸 체온으로 빚어지는 삶.

뜨겁거나 차갑기보다
누구의 눈부심에도 흔들리지 않는 삶.

그렇게 견뎌낸 슬픔에서 길어 올린 기쁨 하나.
그 온기로 다시 나를 세우는 중이다.

지금, 머틀의 계단 위에서
나는 다시 한번 되새겨 본다.

잠시 쥐어도 데우지 못하는 요행 대신,
천천히 스며들어 오래 머무는 온기를 택하기로.

쉽게 타올랐다 사라지는 열기 대신,
묵묵히 타오르며 꺼지지 않는 숨결을 품기로.

막연히 기다림에 기대는 대신,
내 발로 한 걸음씩 딛는 길을 선택하기로.

그리고 그럴 때,
존재의 온도는
매일의 나를 쌓아가는
고요한 숨결 속에서
느리더라도 꺼지지 않는
내 안의 체온으로 남는다.

Epilogue

'나는 지금, 나로 살아내고 있는가'
존재의 온도를 품고
나에게로 돌아오는 마지막 문장

우리는 살아가는 내내 이름을 부른다.
그리고 불린다.
누군가의 후배로,
누군가의 동료로,
누군가의 상사로.

그렇게 타인의 대본 속
주연 배우로 살아온 나날이 쌓이고 나면
문득 스스로 묻게 된다.

"너… 이름이 뭐니?"

우리는 믿어왔다.

출세하면 괜찮은 삶이 될 거라고,

사랑받기 위해선 먼저 인정을 받아야 한다고,
속도를 내야 길을 잃지 않는다고,
운이 따라줘야 인생이 풀린다고.

하지만 살아본 하루들 사이로
조금씩 다른 답들이 스며들어왔다.

방향 없이 쫓던 출세는
내 안의 중심을 자주 놓치게 했고,
타인의 인정을 향한 갈증은
나를 자꾸만 밖으로 밀어냈다.

너무 빨라진 걸음은
내 안의 목소리를 삼켜버렸고,
기다리기만 한 요행 앞에선
대응할 수 없는 무력함만 남았다.

그래서 이제는—
삶의 축을
천천히, 그리고 다르게
되돌려놓아야 할지도 모른다.

'출세주의를 지나 소신으로'
'인정 욕구를 지나 자존감으로'
'속도의 중독을 지나 자아 성찰로'

'요행을 지나 감당 가능한 대응으로'

그 네 개의 축이
한 사람의 삶을
조금 덜 흔들리게 하고,
조금 더 따뜻하게 안아줄 수 있도록.

타인의 시선에서 멀어질수록
혼자 있는 시간은 깊어지고,
그 고요 속에서
우리는 비로소
진짜 '나'를 더 만나게 된다.

그리고, 그 고요 속에서—
우리 안의 물음 하나가 조용히 깨어난다.

'나는 지금,
내가 되기 위해 살아가고 있는가?'

이제 그 물음 앞에
조용히 고개를 끄덕일 수 있다면—
그 순간,
우리는 이미
존재의 온도를 품은 사람이다.

작가의 말

절대적 충족의 온도, 36.5도

그땐, 그게 당연했다.
어디쯤 서 있어야 하는지
얼마나 더 달려야 하는지만 묻는 나날.

줄 서는 법을 익히고
더 잘 보이는 자리에 올라서는 게
곧 '살아남는 법'이라 믿었으니까.

하지만 그렇게 살아낸 시간엔
이상하게 설명되지 않는 결핍이 남았다.

채워도 채워지지 않는 허기,
잘해도 뒤처지는 기분,
그리고 나를 잃어가고 있다는 조용한 불안.

그때, '절대적 충족'이라는 말이

조용히 마음 한가운데 와닿았다.

누군가의 박수가 아닌
스스로 납득되는 존재로 살아가는 감각.

그 감각은 작고 조용했지만
그 순간,
몸 안 어딘가에서 따뜻한 온기가 피어올랐다.

높지도, 낮지도 않은
단지 나로 있기에 충분한—
존재의 온도.

36.5도

지금 이 책을 펼친 당신에게
내가 가장 먼저 전하고 싶은 것도
바로 그 온기다.

줄이 아닌 중심으로,
속도가 아닌 리듬으로,
시선이 아닌 내면으로 살아가도 괜찮다는 감각.

그 감각이 중심이 될 때,
비로소 우리는
스스로의 품격을 지닌 존재로 살아갈 수 있다.

이 책이
그 중심을 되찾는 여정의
조용한 첫 문장이 되기를 바란다.

꽃보다 사색이 먼저 피어나던,
2025년 어느 봄에
린결 작가